Y 5545.
H.e.

Par Carrière-Doisin

par Carrière-Doisin

Un bon Prince est aimé jusque dans ses enfans.

NOUVEAU THÉÂTRE SENTIMENTAL

A L'USAGE DE LA JEUNESSE.

Par Madame la Marquise de S***

La mere en prescrira la lecture à sa fille.

A PARIS,

Chez Laurens jeune, Libraire-Imprimeur, rue St Jacques, vis-à-vis celle des Mathurins.

1790.

PRÉFACE.

Les leçons données de vive voix sont froides et insipides. Elles glissent, pour ainsi dire, sur l'esprit et le cœur, comme les gouttes d'eau sur la toile cirée. Horace a dit : *ce que l'on entend ne fait pas autant d'impression que ce que l'on voit.*

Segnius irritant animos demissa per aures
Quàm quae sunt oculis subjecta fidelibus.

Et le prince de nos poetes français a rendu cette pensée, dont la vérité est fondée sur l'expérience journalière, par ce vers si naturel :

Les yeux en la voyant saisiront mieux la chose.

Le grand art de l'instituteur est de mettre toujours sous les yeux de son éleve, la morale en action ; tel a été dans cet ouvrage notre principal but. L'une des maximes que nous nous sommes aussi fait un devoir de mettre à profit, est encore d'Horace :

Omne tulit punctum cui miscuit utile dulci,
Lectorem delectando pariterque monendo.

Maxime rendue dans notre langue avec plus de précision par ces mots: *plaire et instruire*, qui forme le chef-d'œuvre de l'auteur; Boileau dit ailleurs :

N'offrez rien au lecteur que ce qui peut lui plaire.
. . . .
Auteurs, prêtez l'oreille à mes instructions.
Voulez-vous faire aimer vos riches fictions ?
Qu'en savantes leçons votre Muse fertile,
Par-tout joigne au plaisant le solide & l'utile :
Un lecteur sage fuit un vain amusement,
Et veut mettre à profit son divertissement.

Drames et comédies composent ce volume. Chacunes de ces pieces renferment des leçons précieuses, desquelles peut dépendre le bonheur ou le malheur de la vie de l'homme, considéré dans tous les états. Depuis l'Empereur jusqu'au Villageois, depuis l'être qui aime à se donner en spectacle, jusqu'au voyageur qui veut tout voir, et à l'homme sédentaire dont le bonneur est de régler sagement ses affaires, tous y trouveront l'instruction qui leur est nécessaire dans le commerce du monde.

LETTRE A M***.

Oui, mon ami, pleure avec moi ton bienfaiteur, non-seulement parce que tu l'aimois sincérement; mais parce qu'en le perdant, l'humanité entiere partage ta douleur. Ah! combien de fois, dans nos entretiens, lorsque nous admirions ses vertus, n'avons-nous point été tenté de les mettre en action! combien de fois n'avons-nous point formé le projet de venir les exposer parmi les jeux aimables dont il embellissoit sa retraite, pour le faire jouir de lui-même, à son insçu, dans la touchante allégorie que nous pouvions en faire. Nous ne l'avons point exécuté, ce projet digne de ta reconnoissance! Eh! bien, mon ami, réparons notre tort, rendons aujourd'hui notre hommage public, & décorons au moins son buste des guirlandes dont nous devions le couronner lui-même.

LETTRE.

Il m'eſt d'autant plus aiſé de ſervir en cela ton amitié, que le petit Drame que j'offre ici eſt moins mon ouvrage que celui de ton bienfaiteur, je n'ai eu qu'à retracer ſes actions. Auſſi, l'Eloquence qui ne manquera pas de s'emparer d'un ſi beau ſujet, n'en fera-t-elle point un de ces éloges d'uſage, de ces menſonges étudiés que l'orgueil ou la flatterie font quelquefois prononcer, plutôt pour ſatisfaire au *decorum*, que pour honorer & juſtifier la mémoire d'un homme peu regretté. Ce ſera, au contraire, l'hiſtoire naïve & pure d'un Prince vraiment adorable & digne des larmes qu'il fait encore répandre, non-ſeulement dans le ſein de ſa Famille; mais auſſi à tous ceux qui ont eu le bonheur de lui appartenir.

Tu doutes que cet ouvrage puiſſe être expoſé ſur tout autre théatre que le tien. Pourquoi cette défiance? Si, lorſqu'il exiſtoit, nous avons cru devoir reſpecter aſſez ſa modeſtie pour nous taire, aujourd'hui que la poſtérité a déja, pour ainſi dire, prononcé ſur ſes mânes le jugement qu'elle en doit porter ? pourquoi, encore une fois, ne pourrions-nous lui rendre les mêmes honneurs que nous rendons tous les jours à ceux dont les qualités sublimes & les hauts faits nous frappent dans l'Histoire ?

Faut-il attendre des siecles pour honorer la vérité ? Faut-il laisser, en quelque sorte, affoiblir le souvenir des vertus, pour jouir du tableau consolant des actions des Princes que nous avons le droit d'admirer ?

Il est sage, sans doute, & sur-tout dans une monarchie, de ne point livrer aux sarcasmes de Thalie, les vices ou les ridicules des chefs d'une nation, c'est à Clio seule qu'il appartient de les dénoncer ; mais il ne peut résulter qu'un très-grand avantage de les célébrer avec pompe, lorsque nés pour le bonheur de la Société, ils ont rempli dignement les devoirs que leur naissance leur avoit imposés.

Dans tous les tems les peuples ont rendu publiquement hommage à leurs grands Hommes. Ils en faisoient même l'apothéose, non-seulement après leur mort, mais même de leur vivant & en leur préfence.

Leur reconnoiffance éclatoit à tel point, qu'après avoir décerné les honneurs du triomphe au citoyen vainqueur, ils inftituoient des fêtes & confacroient des temples à la mémoire de ceux dont les vertus plus pacifiques avoient également contribué à la gloire & au bonheur de la Patrie. Ne craignons donc point, nous qui fommes naturellement fenfibles, de couronner publiquement l'héroïfme & la vertu de nos concitoyens. Non-feulement cette folemnité fera jufte ; mais elle deviendra encore un encouragement & une leçon utile à l'humanité.

Si nous allons en foule admirer fur la Scene tant de grands Hommes qui nous font étrangers, fi dans l'hiftoire des différens peuples, le récit des belles actions nous pénetre du plus vif intérêt, quelle fenfation délicieufe n'éprouvons-nous pas lorfque nous trouvons à admirer dans nos propres foyers, les mêmes vertus & le même heroïfme ? C'eft cet attrait fi naturel, ce fentiment patriotique qui eft caufe qu'au Théatre, nous applaudiffons avec tant de tranfports le peu de Pieces où l'amour de la Patrie & la gloire de la nation font vivement repréfentés.

Oui, mon ami, l'Art Dramatique a cela d'avantageux, qu'il eft plus libre dans fes compofitions que celui de la Peinture. Celle-ci, gênée par les coftumes & des beautés de convenance, eft prefque toujours obligée de prendre fes Héros dans l'Antiquité ; mais le Poëte, au Théatre, où le fentiment eft de tous les âges & de tous les pays, où le courage & la générofité font toujours propres à émouvoir fans le fecours de ces acceffoires, eft même plus fûr de plaire & d'intéreffer, lorfqu'il prend fes fujets dans notre propre Hiftoire. Auffi, combien de nouvelles Pieces ne nous reftent-ils point à faire ? Un CHARLES V, un LOUIS XII, un HENRI IV, un CONDÉ, un TURENNE, un DAGUESSEAU, un DU HARLAI, un L'HOPITAL, un SULLY, un COLBERT, & quantité d'autres grands hommes nous offrent affez de traits fublimes pour enrichir notre Théatre, & soutenir l'honneur de la nation. C'est une tâche pénible, sans doute; mais l'art sublime de nos Maîtres en a déja triomphé si glorieusement, que leurs émules doivent brûler du desir de marcher sur leurs traces. Combien encore d'actions patriotiques & pleines d'énergie, même dans la classe de nos simples citoyens, ne pourrions-nous pas exposer aujourd'hui avec avantage? Car, ce n'est pas toujours par des traits, pour ainsi dire, surnaturels, que l'on obtient, de préférence, le suffrage de l'homme sensible & raisonnable : il aime à se retrouver dans son semblable, & son ame jouit avec délices des sentimens que lui-même il éprouve ; l'humanité, la douceur, la pitié, la justice parlent à son cœur avec autant d'éloquence, & lui causent souvent un plaisir plus réel que la peinture trop animée des grandes passions ; celles-ci l'agitent bien pour un moment, mais elles ne lui laissent jamais cette douce émotion, ce souvenir si agréable de la vertu, toute brillante de ses simples attraits.

LETTRE.

Tel eſt, en effet, mon ami, ce plaiſir qu'on éprouve, lorſqu'on ſe rappelle l'excellence du caractere, l'amabilité, la douceur & la généroſité de ton illuſtre bienfaiteur.

Ah ! que la Nature ne m'a-t-elle doué d'un de ces génies qui ſavent ſi bien s'élever à la hauteur de leur ſujet ? J'aurois fait une Piece d'un plus grand caractere, & mon Héros paroîtroit ſous un aſpect plus impoſant; mais pardonne à ma foibleſſe. J'ai puiſé ſeulement dans l'hiſtoire de ſon cœur; & le peu de traits que j'en rapporte ſuffira, ſans doute, pour le faire aimer.

Qu'il me ſoit donc permis, ô mes concitoyens ! de faire revivre parmi vous un Prince que vous avez ſi tendrement chéri. Venez admirer ſes vertus, & ſuppléez vous-mêmes à la timidité de mes pinceaux.

Et vous, Famille auguſte, dignes enfans du meilleur des Princes, jouiſſez de l'hommage que nous aimons à rendre à nos Bienfaiteurs.

C'est en faifant éclater les témoignages de fa reconnoiffance, c'est en fignalant fon amour pour fes Rois, que le François s'est toujours montré digne des bienfaits que le Sang des Bourbons verfe fur la Patrie.

AVIS
SUR LA JOURNÉE DE TITUS.

ENTRE les différentes époques où le François fait éclater publiquement ſes ſentimens, j'ai penſé que la naiſſance de Monſeigneur LE DAUPHIN en étoit une des plus favorables pour motiver le plan de ce Drame, & placer au milieu du peuple le Chef d'une Maiſon, qui, en le chériſſant lui-même, lui a donné dans tous les tems les témoignages les plus marqués d'attachement & de fidélité qu'elle a toujours eus pour la gloire & l'honneur du Trône.

La Scene qui ſe paſſe entre d'ET-TINGEN & la famille de RICHARD, eſt moins une fiction qu'un incident, peut-être, arrivé plus d'une fois. Du moins j'ai voulu prouver, par cette action généreuſe, que l'exemple du bienfaiteur avoit paſſé dans le cœur du jeune militaire qu'il se fit un plaisir d'adopter.

Le rôle de d'Hermans est appuyé sur un fait dont les détails appropriés pour la Scene, n'empêchent pas qu'au fond il ne soit très-réel. En un mot, cette Piece ne doit être regardée que comme l'historique de quelques actions généreuses, dont mon nouveau Titus se plaisoit à embellir chaque jour de sa vie.

J'ai tâché, autant qu'il m'a été possible, de mettre un ensemble dans le tableau rapide de scenes absolument isolées.

Pour en faire une piece plus intriguée, il m'eût fallu prendre toute une autre marche; mais alors, je noyois l'action unique de bienfaisance dans des faits absolument étrangers, & mon projet, je le répete, n'a été que de peindre le caractere de mon Héros, de ne parler que d'après son cœur.

LA JOURNÉE
DE TITUS;
OU
LE BON PRINCE.
DRAME EN UN ACTE,
MÊLÉ DE FÊTES ET DE DANSES.

Ses vertus & nos pleurs le feront reconnoître.

PERSONNAGES.

LE PRINCE.
LE MARQUIS D'ALFONS.
LE COMTE DE POLINCOUR.
LE CHEVALIER D'ETTINGEN.
VALMON, pere d'Éléonore.
ÉLÉONORE.
D'HERMANS, amant d'Éléonore.
UNE GOUVERNANTE d'Éléonore.
UNE VEUVE & quatre enfans.
RICHARD, pere
RICHARD, fils.
BABET, fille de Richard.
LE PEUPLE.
PLUSIEURS OFFICIERS & valets de la Maison.

La Scene est dans un des Palais du Prince.

LA JOURNEE
DE TITUS,
OU
LE BON PRINCE.
DRAME.

SCENE PREMIERE.

Le Théatre repréſente la galerie d'un Palais.

(Le Prince eſt aſſis avec le Marquis d'Alſons devant une table chargée de plans, de livres & de papiers, dont ils paroiſſent s'occuper ; on entend un tumulte qui annonce une fête publique.)

LE PEUPLE, *chantant derriere le Théatre.*

AIR : *Vive Henri IV*, &c.

VIVE la Reine,
Vive notre bon Roi

Qu'à perdre haleine,
Chacun chante avec moi :
Vive la Reine,
Vive notre bon Roi.

Vive la Reine,
Vive notre Dauphin ;
A perdre haleine
Chantons tous ce refrain ;
Vive la Reine,
Vive notre Dauphin.

Vive la Reine,
Et nos Princes du Sang ;
A perdre haleine
Chantons tous, en danfant :
Vive la Reine,
Et nos Princes du Sang.

(*Les Femmes de la Halle, portant des couronnes de fleurs & des branches de lauriers ornées de rubans, se préfentent pour entrer ; il y a auffi du peuple.*

Un Officier de la Maifon.

Un moment donc, Mefdames, un moment, attendez Monfeigneur à fon paffage.

Une des Femmes.

Comment ! à fon paffage ? Oh ! il a toujours été fans façons avec nous ; il fait bien que nous l'aimons de tout notre cœur... mais ! le voici notre bon Prince, c'eft lui-même ! Monfeigneur ?...

DRAME.

LE PRINCE.

Laiſſez, laiſſez entrer.

UNE DES FEMMES.

Monſeigneur, ce ſont vos enfans qui viennent vous préſenter les bouquets de la Famille en l'honneur de la naiſſance de Monſeigneur le Dauphin. (*Elles préſentent des Lys & des Lauriers.*)

LE PRINCE.

Fort bien, mes amis; je les reçois avec plaiſir.

UNE DES FEMMES.

Nous n'en doutions pas, Monſeigneur. Non, nous n'oublierons jamais comme nous avons été reçues à Metz, & ſur-tout, cette belle fête de S. Cloud que vous avez donnée pour la convaleſcence du pere de notre bon Roi Louis XVI.

UNE AUTRE FEMME.

Oui, Monſeigneur, c'eſt ce jour-là que vous nous avez baillé des maris, & nous, que nous avons donné des enfans à l'État, comme de juſte; ça été plaiſir & profit pour tout le monde, car, ces enfans-là ont eu auſſi des enfans, qui ſervent notre bon Roi, & boivent tous les jours à ſa ſanté, ainſi qu'à la vôtre, Monſeigneur.

En chorus.

Vive la Reine.
Vive notre bon Roi, &c.

LA JOURNÉE DE TITUS,

LE PRINCE.

A merveille, mes enfans, réjouissez-vous, l'occasion le mérite.

UNE DES FEMMES.

Assurément, Monseigneur ; le Ciel fait bien ce qu'il fait. En augmentant votre famille, il veille sur la nôtre. Vos menus-plaisirs à vous, mon Prince, c'est de faire du bien.

LE PRINCE.

Je le dois, mes amis ; mais c'est assez, ménagez-vous seulement. (*A ses Officiers.*) Messieurs, acquittez ma dette, j'ai donné mes ordres en conséquence.

En chorus, en s'en allant.

Vive la Reine,
Vive notre bon Roi, &c.

SCÈNE II.

LE PRINCE, LE MARQUIS D'ALFONS.

LE PRINCE.

Que j'aime à voir la joie naïve de ce bon peuple ! oh ! j'étois bien sûr que son cœur feroit honneur à ma fête.

D'ALFONS.

Comment penferoit-il autrement, quand il eft François, & que vous-même, Monfeigneur, lui donnez, chaque jour, un fi bel exemple de l'amour que vous avez toujours eu pour votre Roi?

LE PRINCE.

Ah ! d'Alfons, que ne puis-je donner des preuves plus fenfibles des fentimens qui m'animent.

D'ALFONS.

Quelles preuves plus éclatantes, voulez-vous donc donner, Monfeigneur, que toutes celles que vous avez multipliées jufqu'à préfent avec tant de grandeur d'ame ? Au confeil, à l'armée, dans toutes les circonftances, vous vous êtes toujours montré pour le maintien des loix, la gloire & le bonheur de la Patrie ; oui, Monfeigneur, mille voix s'élevent en votre honneur, & béniffent vos bienfaits.

LE PRINCE.

Il eft fi doux d'être aimé, & il en coûte fi peu pour l'être.

D'ALFONS.

O mon maître ! que cet épanchement délicieux peint bien la beauté de votre ame ! Auffi, notre jeune Roi, dont la fageffe fe manifefte tous les jours, en fent-il tout le prix.

LE PRINCE.

Oui, mon cher d'Alfons, je prévois avec délices, par les vertus avec lesquelles ce jeune Monarque signale le commencement de son regne, que la France jouira de la plus haute splendeur. Il connoît la vraie gloire, il veut se faire aimer.

SCENE III.

LE COMTE DE POLINCOUR, LES PRÉCÉDENS.

LE COMTE.

Pardonnez, Monseigneur; voyant dans votre palais, au milieu de la joie publique, une famille désolée, je n'ai pu être insensible à ses larmes. Voici un papier qu'elle m'a prié de vous présenter.

LE PRINCE.

Une famille désolée, dites-vous? ce seroit troubler un si beau jour, voyons, lisons... Comment! cette mort prématurée me rendroit tout-à-coup l'héritier du seul bien qui leur reste? Monsieur, je vous sais gré de votre démarche. Qu'on me fasse parler à ces bonnes gens, je veux les consoler.

LE COMTE.

Je suis à vos ordres dans l'instant, Monseigneur.

SCENE IV.

LE PRINCE, LE MARQUIS D'ALFONS.

LE PRINCE.

Mon ami, voici une nouvelle jouiſſance pour moi : Un pere de famille jeune encore, pour être plus en état d'élever ſes enfans, veut doubler ſa fortune, en conſéquence il place chez moi ſon bien en viager ; la mort vient de l'enlever, & j'apprends ici que c'eſt tout ce qu'il poſſédoit. C'eſt une imprudence, ſans doute ; mais ſa faute ſera la mienne, & je la crois fort aiſée à réparer.... A propos, d'Alfons, ſongez à me faire parler aujourd'hui au pere de cette jeune perſonne que d'Hermans voudroit épouſer.

D'ALFONS.

C'eſt-à-dire que Monſeigneur ne veut laiſſer échapper aucune occaſion de faire des heureux.

LE PRINCE.

N'eſt-ce pas naturel ? D'ailleurs, ce jeune homme m'a vraiment intéreſſé. Oh ! il faudra bien que le pere faſſe quelque choſe pour moi.

D'ALFONS.

Vous devez y compter, je crois ?

LE PRINCE.

Mais non, car il tient bien, dit-on, au riche parti qu'on lui offre pour sa fille; enfin nous verrons.

SCENE V.

LE PRINCE, LE COMTE DE POLINCOUR, LE MARQUIS D'ALFONS, UNE VEUVE & quatre enfans; *ils sont en grand deuil.*

DE POLINCOUR.

Monseigneur, voici cette famille.

LE PRINCE.

Approchez, mes enfans.

LA VEUVE, *se jetant à genoux ainsi que ses enfans.*

Ah ! Monseigneur, votre présence nous rassure, & cependant nous ne pouvons nous exprimer.

LE PRINCE.

Relevez-vous, mes amis; ce n'est point une grace que vous me demandez, c'est un plaisir pour moi.

LA VEUVE, *montrant ses enfans.*

Vous voyez, Monseigneur, le seul bien qui me reste.

Le Prince.

Détrompez-vous, Madame, votre époux ne m'a confié sa fortune que comme un dépôt à faire valoir, j'ai rempli ses intentions, vous allez en jouir.

La Veuve.

Ah! mes enfans, reconnoissez à ces traits l'auguste sang des Bourbons.

Le Prince.

Monsieur d'Alfons, conservez ce papier, vous me le remettrez au premier travail, ainsi que le testament en question.

D'Alfons.

Oui, Monseigneur.

Le Prince, *à un Gentilhomme de sa suite.*

Monsieur, je vous recommande cette famille; je veux qu'elle partage aujourd'hui la joie publique. Pour vous, Madame, venez souvent me parler de vos enfans : on m'approche aisément.

La Veuve, *pénétrée d'admiration & de reconnoissance, balance un moment & tombe évanouie dans les bras de ses enfans.*

Je me meurs de plaisir! (*On la transporte.*)

Le Prince.

O Ciel!... moi-même je vais cacher mes larmes.

(*En se retirant, à d'Alfons & de Polincour qui veulent le suivre.*) Non, j'ai besoin d'être seul un moment.

SCENE VI.

LE MARQUIS D'ALFONS, LE COMTE DE POLINCOUR.

D'ALFONS.

EH! bien, Monsieur, comment ne pas aimer un si bon Prince?

DE POLINCOUR.

Aussi, M. d'Alfons, qui de nous ne lui est pas tendrement attaché?... Mais, à propos de ces bienfaits, on prétend que le jeune d'Hermans l'a vivement intéressé.

D'ALFONS.

Et d'où tenez-vous donc cette nouvelle? ce devoit être un mystere?

DE POLINCOUR.

J'ai su le pénétrer, comme vous voyez.

D'ALFONS.

Il est cependant de la plus grande importance pour le succès de son affaire, que d'Hermans lui-

DRAME.

même ignore jufqu'à nouvel ordre les difpofitions de Monfeigneur.

DE POLINCOUR, *fouriant.*

Oh! pour le coup, mon cher Marquis, vous avez oublié votre métier de courtifan.

D'ALFONS.

Comment! que voulez-vous dire ?

DE POLINCOUR.

Mais, oui. Inftruit feulement que d'Hermans avoit été obligeamment queftionné par le Prince, fur cet air de trifteffe qui le trahiffoit malgré lui, j'ai penfé qu'il n'en falloit pas davantage; & vous-même me confirmez qu'il s'intéreffe en fa faveur.

D'ALFONS, *fouriant.*

Comte, vous me donnez là une leçon; puifque c'eft ainfi, je vous demande le plus grand fecret.

DE POLINCOUR.

Croyez que votre aveu devient une confidence... Mais n'eft-ce pas là notre ami d'Ettingen ?

D'ALFONS.

Lui - même.

SCENE VII.

D'ETTINGEN, RICHARD pere, RICHARD fils, BABET, LES PRÉCÉDENS.

D'ETTINGEN, à d'Alfons.

AH ! c'eſt vous que je cherche, Monſieur ; vous voyez ici d'honnêtes gens, de bonnes gens que je vous préſente.

RICHARD pere.

Oui ; Monſieur. Je ſuis un vieux ſoldat qui a fait ſes dernieres campagnes ſous les ordres de notre bon Seigneur, & je n'oublierai jamais l'humanité avec laquelle il nous traitoit

D'ALFONS.

Eh ! bien, mon camarade, de quoi s'agit-il ?

RICHARD pere.

De me rendre un enfant coupable ; mais qui s'en repent, un enfant qui ſeul me reſte pour le ſoutien de ma vieilleſſe & celui de ſa sœur qui a perdu ſa pauvre mere.

D'ALFONS.

Quel crime a-t-il donc fait ?

DRAME.

RICHARD pere.

Un bien grand, Monsieur, sur-tout, en servant sous les ordres d'un Prince aussi bon & aussi juste que Monseigneur.

D'ALFONS.

Il a donc déserté ?

RICHARD fils.

Hélas ! oui, Monsieur, j'ai eu ce malheur ; mais si je demande ma grace, c'est pour reservir avec plus de fidélité.

D'ALFONS.

Je le crois ; mais, mon ami, vous connoissez la sévérité des loix.

RICHARD fils.

Et plus encore l'humanité du Prince, Monsieur.

RICHARD pere.

Oui, mon bon Seigneur, s'il faut donner mon sang pour obtenir son pardon, je déchire ma cartouche, & marche à l'ennemi.

BABET.

De grace, Monsieur, ayez pitié de nous.

DE POLINCOUR, *lui prenant la main.*

Quoi ! vous-même aussi, bel enfant, vous vous engageriez ?

Babet.

Mais, oui, Monſieur, s'il le falloit. J'ai une une de mes couſines, qui, ſous l'habit de ſoldat, a bravement ſervi pendant la guerre où Monſieur (*Montrant d'Ettingen.*) a, dit-on, été trouvé dans le camp à l'âge de trois ans, couvert de bleſſures, & remis entre les mains de Monſeigneur.

D'Ettingen.

C'eſt vrai, mes amis ; c'eſt de cette époque que datte le bonheur de ma vie. Né, pour ainſi dire, au milieu du carnage, l'humanité m'a recueilli, & mon nom eſt le témoignage glorieux des bienfaits du Prince.

Richard fils.

Ah ! mon pere, comment ai-je pu commettre une pareille faute ! laiſſez-m'en punir.

D'Ettingen.

Non, je réponds de la bonté de notre Général.

D'Alfons.

D'Ettingen a raiſon, allons le trouver. Mes enfans, eſpérez tout, nous allons revenir.

DRAME.

SCENE VIII.

RICHARD pere, RICHARD fils, BABET.

RICHARD pere.

Comme tout ce qui habite ce Palais respire l'humanité ! on est tout de suite à son aise.

RICHARD fils.

Mon pere, je vous cause bien du chagrin ; mais je vous le ferai oublier, & à toi aussi, ma pauvre Babet. (*Il lui serre la main.*)

RICHARD pere.

Vas, mon garçon, je n'ai jamais désespéré de toi, je suis bien sûr que sans de mauvais conseils tu n'aurois jamais fait cette bassesse.

RICHARD fils.

O Ciel ! quel nom odieux vous donnez à mon égarement ! Mon pere, je n'ai point déserté par lâcheté, je voulois servir dans un autre régiment.

RICHARD pere.

Eh ! quel meilleur Général voulois-tu donc choisir, malheureux ? tu ne connois pas toutes les vertus de celui que tu quittois. A l'armée, sa bravoure nous servoit d'exemple, & il étoit si humain que pour mieux secourir le soldat, il retranchoit de ses dépenses, il achetoit même des champs entiers & des arbres fruitiers, pour l'empêcher de faire la maraude. Le premier à observer la discipline, il maintenoit l'officier, comme le soldat, dans ses devoirs. Une bataille étoit-elle finie, il faisoit enlever les blessés, lui-même aidoit à les relever, les remettoit à ses chirurgiens, & venoit les visiter ? Voilà ce que j'ai vu de mes yeux, en servant comme un brave soldat. Aujourd'hui que je vis sur un de ses domaines, je suis témoin du bien qu'il fait à tous ses vassaux. La grêle, les débordemens, les incendies, toutes les calamités sont plutôt pour lui que pour nous. Il vient toujours à notre secours. C'est en imaginant des travaux, en en détruisant exprès pour les faire rétablir, qu'il trouve le moyen de faire vivre les paresseux, malgré eux, & d'enrichir les travailleurs de bonne volonté. A-t-il quelques droits à défendre, si le procès devient ruineux pour les plaideurs, il ordonne qu'on le lui fasse perdre, & paye encore les frais.

BABET.

Quel plaisir Monseigneur a, sur-tout, quand il peut faire faire quelques mariages ! Oh ! mon tour viendra, & tu verras, Richard, si Monseigneur...

RICHARD pere.

Fi ! donc, Babet, c'est de l'intérêt, ça.

BABET.

DRAME.

BABET.

Mais, point du tout, mon pere, je veux dire par là, que Monseigneur viendra d'un air satisfait & joyeux nous engager à bien nous divertir.

RICHARD pere.

Oh! ça, j'en suis sûr ; cependant s'il arrivoit.

BABET.

Eh! bien, mon pere, achevez donc.

RICHARD pere.

Non, c'est moi qui suis un intéressé... dame aussi, je desire tant de te voir heureuse.

BABET, *finement*.

Nous le laisserons faire ; n'est-il pas vrai, mon pere ?

RICHARD pere.

Sans doute, il donne avec tant de bonté, que c'est un double plaisir de recevoir.

BABET.

Mais qu'as-tu donc, Richard ? tu vois comme mon pere est gai, veux-tu l'attrister ?

RICHARD pere.

Il a raison ; c'est bien d'être fâché d'avoir mal fait ; mais va, tout ira bien, tiens, justement ; vois-tu comme ces Messieurs reviennent gaiement ?

B.

SCENE IX.

LE MARQUIS D'ALFONS, D'ETTINGEN, LES PRÉCÉDENS.

D'ALFONS.

Mes amis, réjouissez-vous, Richard aura sa grace.

TOUS LES TROIS.

Sa grace ! ah ! Monsieur...

D'ALFONS.

Oui ; mais, c'est à une condition.

RICHARD fils.

Très-volontiers, je rejoins dans l'instant.

D'ALFONS.

Au contraire, vous aurez un congé absolu.

RICHARD pere.

Et son congé aussi ?

D'ALFONS.

Oui, pour qu'il travaille, & que vous, papa, vous vous reposiez. Il faut, en outre, qu'il cherche un mari à sa sœur ; Monseigneur se charge de la dot.

BABET.

Oh, bien, Monsieur, mon pere fait qu'il est tout trouvé.

D'ALFONS, *riant.*

Bon! voilà donc la moitié de la besogne faite.

RICHARD pere, *d'un ton naïf.*

Mais, Monsieur, parlons franchement : est-ce que je ne pourrois pas aller baiser les pas de Monseigneur ? ce ne seroit pas la premiere fois au moins.

D'ALFONS.

Dans un autre moment, mes enfans ; vous le verrez, contentez-vous seulement aujourd'hui de partager la joie publique.

BABET.

Oh ! moi, je ne serai pas la derniere à bien m'amuser.

D'ALFONS.

Bien ! Babet, j'aime cette naïveté ; n'oubliez pas le mari, je n'oublierai pas la dot.

BABET.

C'est comme si je la tenois, j'en suis bien sûre.

D'ALFONS.

A merveille ; adieu, mes amis, adieu.

SCENE X.

LE MARQUIS D'ALFONS, D'ETTINGEN.

D'Alfons.

A ça d'Ettingen, puifque le Prince vient de vous mettre de la confidence, voyez donc le pere de la maîtreffe d'Hermans. Vous favez qu'un bienfait eft un plaifir dont on eft ici toujours preffé de jouir.

D'Ettingen.

Je me charge de la commiffion avec d'autant plus de joie, que d'Hermans eft mon ami, & mérite, à tous égards, le bonheur qui lui eft promis.

D'Alfons.

Nous le connoiffons tous. Ne perdez donc pas un moment.

D'Ettingen, *faifant quelques pas pour s'en aller, puis revenant précipitamment.*

Monfieur le Marquis, voici juftement d'Hermans; il vient fans doute ici.

D'Alfons.

En ce cas tâchez de l'éviter, il doit encore tout ignorer. (*D'Ettingen fe retire dans l'appartement voifin, & rentre fur la pointe du pied pour s'en aller, lorfque d'Hermans eft entré.*)

DRAME.

SCENE XI.

D'HERMANS, LE MARQUIS D'ALFONS.

D'HERMANS.

JE vous cherchois, Monsieur. Vous êtes honoré de l'intimité particuliere du Prince ; oserois-je vous confier l'entretien que j'ai eu hier au soir avec lui ?

D'ALFONS.

Très-volontiers, Monsieur, en quoi puis-je vous être utile ?

D'HERMANS.

A fixer mon opinion sur ses sentimens à mon égard. Voici le fait, Monsieur : dévoré depuis long-tems du chagrin de ne pouvoir obtenir la main d'une personne que j'adore, j'ai d'abord voulu déguiser mes peines ; mais bientôt, encouragé par la bienveillance du Prince, qui sembloit me prévenir, j'ai osé m'expliquer. Ah ! Monsieur, je n'oublierai jamais la délicatesse & les ménagemens qu'il a bien voulu mettre dans les questions qu'il m'a faites. Ma franchise a paru lui plaire ; mais je vous avoue qu'il ne m'a rien dit d'assez positif pour rassurer un cœur aussi vivement épris que le mien. De grace, Monsieur, intéressez-vous en ma faveur, un seul mot de sa bouche peut déterminer M. de Valmon à faire mon bonheur.

D'ALFONS.

Monsieur, je reconnois bien là la prudence de Monseigneur. Il s'agit ici de la cause d'un pere, & il n'a entendu que la voix d'un jeune homme, dont l'amour ne peut être un titre suffisant pour autoriser qui que ce soit à maîtriser les volontés d'une famille qu'il faut toujours respecter.

D'HERMANS.

Ah! Monsieur, vous connoissez, sans doute, les tourmens de l'amour?

D'ALFONS.

Croyez-moi, le Prince vous a entendu; cela suffit.

D'HERMANS.

O Ciel! n'est-ce pas M. de Valmon que j'apperçois? il est avec sa fille, que vient-il donc faire ici?

D'ALFONS.

De la prudence, M. d'Hermans, ne paroissez pas.

D'HERMANS.

Comment donc l'éviter? (*Il se retire dans l'appartement voisin, d'Alfons en ferme la porte.*)

SCENE XII.

DE VALMON, ÉLÉONORE, UNE GOUVERNANTE, D'ETTINGEN, LE MARQUIS D'ALFONS.

D'ETTINGEN.

Monsieur? voici M. de Valmon qui a bien voulu m'accompagner fur le champ.

DE VALMON.

L'honneur que Monfeigneur veut bien me faire m'eft trop agréable, pour que j'y aie mis le moindre retard ; mais, Monfieur, dites-moi, je vous prie, feriez-vous mieux inftruit que Monfieur du motif qui me fait demander ?

D'ALFONS.

Le Prince vous l'expliquera, Monfieur, nous n'avons été chargé que de vous préfenter.

DE VALMON.

Mais au moins, Monfieur, croyez-vous que ma fille puiffe m'accompagner ? elle trouve l'occafion fi belle, pour voir le Prince tout à fon aife, qu'elle voudroit en profiter.

D'ALFONS.

Rien de plus naturel, & Mademoifelle eft faite affurément pour qu'il vous en fache même gré;

cependant, Monsieur, mon avis seroit que vous vous présentassiez, d'abord, seul.

DE VALMON, à Eléonore.

Tu vois, mon enfant, il y a toujours une étiquette à observer ; je te l'avois bien dit.

D'ALFONS.

Non, Monsieur, détrompez-vous ; il n'est point question ici d'étiquette, mais, peut-être....

DE VALMON.

Oui, j'ai eu tort ; allons, ma fille....

D'ALFONS.

Eh ! non, Monsieur.... mais voilà bien du mouvement !

DE VALMON.

Ne seroit-ce pas le Prince ? ma fille, retire-toi.

D'ETTINGEN.

Rien de plus aisé ; Mademoiselle sera très-bien dans cet appartement. (*Il va l'ouvrir, & fait un mouvement de surprise en appercevant d'Hermans.*)

D'ALFONS, à part.

L'étourdi ! (*A de Valmon.*) Venez avec moi, Monsieur ; je vais vous présenter. (*Il l'emmene ; d'Hermans sort de l'appartement ; Éléonore jette un cri de surprise.*

ÉLÉONORE.

Quoi ! d'Hermans est ici ?

SCENE XIII.

D'HERMANS, ÉLÉONORE, LA GOUVERNANTE, D'ETTINGEN.

D'HERMANS, *avec vivacité.*

O combien je suis enchanté, charmante Éléonore, que le hasard me procure le bonheur de pouvoir vous parler !

ÉLÉONORE.

Je le partagerois volontiers, d'Hermans ; mais rien ne m'excuseroit si mon pere nous trouvoit ensemble.

D'ETTINGEN.

Oh ! pour le coup, il ne devroit en vouloir qu'à moi seul ; mais, d'honneur, si je savois le trouver là.

D'HERMANS.

De grace, Éléonore, laissez-moi jouir du plaisir de vous voir : il y a si long-tems que par obéissance, j'ai la douleur d'en être privé.

ÉLÉONORE.

D'Hermans, j'ai dû obéir comme vous ; mais, dites-moi, pourquoi le Prince demande-t-il mon pere, & vous, êtes-vous ici ?

D'Hermans.

Hélas ! pour entendre peut-être prononcer mon arrêt ; cependant il est si généreux.

Éléonore.

Quoi ! Monseigneur ?...

D'Hermans.

Oui, charmante Éléonore ; j'ai osé lui confier mes peines, & tout me prouve, en ce moment, qu'il s'intéresse en ma faveur.

D'Ettingen.

Et qu'il réussira, soyez-en sûr.

Éléonore.

Ah ! Monsieur, vous ne connoissez pas mon pere : il respecte infiniment Monseigneur ; mais il a ses projets, il sera bien difficile de l'en détourner.

D'Hermans.

Eh ! bien, Éléonore, nous irons alors le presser aux genoux même du Prince.

Éléonore.

Que dites-vous donc, d'Hermans ? une démarche aussi imprudente seroit une désobéissance de ma part. Monseigneur lui-même pourroit m'en blâmer ; cherchons, au contraire, à fléchir mon pere avec le plus grand ménagement.

DRAME.

D'Ettingen.

Doucement ; j'entends le Prince.

D'Hermans.

O Ciel ! que dois-je faire ?

D'Ettingen.

Rentrons dans cet appartement.

SCENE XIV.

LE PRINCE, DE VALMON, LE MARQUIS D'ALFONS.

Le Prince, *appuyé sur de Valmon.*

Réfléchissez bien à ce que je vous dis, Monsieur ; vous sacrifiez une très-grande fortune, j'en conviens, mais la seule qui puisse flater l'ambition d'un bon pere, c'est le bonheur de ses enfans. D'Hermans, dites-vous, est peu riche ; il mérite de l'être, & je m'en charge.

De Valmon.

Je le répete, Monseigneur, je n'ai plus de volonté que la vôtre.

Le Prince.

Non, Monsieur de Valmon, il ne faut point ici de complaisance ; vous êtes pere, je peux me tromper.

SCENE XV.

LES PRÉCÉDENS, D'HERMANS.

D'Hermans, *accourant précipitament se jeter aux pieds du Prince.*

Ah ! Monseigneur, comment vous exprimer ma reconnoissance ! (*A de Valmon.*) De grace Monsieur, croyez que je me rendrai digne du bonheur que j'attends.

De Valmon, *se retournant & appercevant sa fille que d'Ettingen semble presser d'approcher.*

Viens, mon enfant, & remercie ton bienfaiteur. (*Elle fléchit le genoux, le Prince la releve.*)

Le Prince.

Oui, mes amis, soyez heureux.

Tous deux.

Ah ! Monseigneur ! ah ! mon pere !

(*On entend tout-à-coup un grand bruit au fond de la galerie.*)

D'Alfons.

Mais ! qui cause donc cette rumeur ?

SCENE XVI.

LES PRÉCÉDENS.

Plusieurs Officiers & valets de la maison veulent entrer.)

LES OFFICIERS.

Monseigneur, Monseigneur, permettez que nous entrions.

LE PRINCE.

Qu'on les laisse approcher.

UN OFFICIER.

Ah ! Monseigneur, que venons-nous d'apprendre ? On veut que nous quittions un si bon maître, qu'on nous arrache plutôt la vie.

TOUS, *ensemble*.

Oui, mon Prince ; nous préférons la mort à la douleur de vous quitter.

LE PRINCE.

Relevez-vous, mes enfans ; relevez-vous, vous dis-je. (*Ils se relevent.*) Cette preuve d'attachement de votre part m'est bien sensible ; mais les circonstances me forcent à faire ce sacrifice : il faut être juste avant que d'être généreux.

Un Officier.

Ah! Monseigneur, ce n'est point un Prince, un bienfaiteur comme vous, qui fait des sujets mercenaires; nous avons des femmes, des enfans, ils travailleront, ils nous soutiendront, nous nous aiderons entre nous, & notre plus chere récompense sera de vous servir avec plus de zele. (*Tout ce qui compose la Cour du Prince, en ce moment, se jette à genoux, & l'environne.*)

Le Prince.

Quel instant délicieux! Eh! bien, allons, mes enfans, nous nous aimerons toujours, nous ne nous quitterons jamais.

D'Alfons, *avec enthousiasme.*

Mes amis vous m'arrachez un secret : reconnoissez dans votre maître ce généreux *Luc*, qui depuis si long-tems, soulage en silence tant de malheureux.

Le Prince.

Ah! d'Alfons, vous troublez mes plaisirs. (*Il se retire avec le trouble de la modestie.*)

Quelques Officiers, *le suivant.*

Monseigneur! Monseigneur!

D'Alfons.

Oui, fixons-nous pour jamais, où regne tant de vertus.

SCENE XVII & derniere.

DE VALMON, ÉLÉONORE, LE MARQUIS D'ALFONS, D'ETTINGEN, D'HERMANS.

DE VALMON, *avec émotion.*

Mes enfans, après ce que je viens de voir, s'il me reste quelques regrets, c'est d'avoir retardé votre bonheur.

D'HERMANS.

Ah! mon pere! ce tendre épanchement de votre part le rend plus accompli. (*D'une voix plus élevée.*) Oui, ce jour digne de Titus en est un sûr garant.

D'ALFONS.

Vous m'arrachez le mot, j'allois le prononcer. Livrons-nous donc à l'allégresse, & que la naissance du Dauphin ranime ici les jeux.

(*Le fond du Théatre s'ouvre tout-à-coup, & laisse appercevoir un parc illuminé. Tous les états confondus offrent le tableau d'une fête publique; la danse & des jeux de toutes les especes achevent d'en rendre l'illusion plus complette.*)

Fin de la Journée de Titus.

LA FETE
DU VILLAGE,
A L'OCCASION DE LA NAISSANCE

DE MONSEIGNEUR LE DAUPHIN.

Comédie en deux Actes, mêlée de Chants & de Danses.

PERSONNAGES.

LE SEIGNEUR du Village.
BERTRAND, Concierge du Château.
LE MAGISTER.
Madame PERNETTE, femme du Magister.
LE COLLECTEUR.
MATHURIN.
MATHURINE.
LOUISON.
ROGER.
REMOND.
COLIN.
COLETTE.
UN COURIER.
UN JARDINIER.
Une troupe de jeunes Mariés & d'Habitans.

La Scene se passe dans un Château.

LA FÊTE DU VILLAGE,

A L'OCCASION DE LA NAISSANCE DE MONSEIGNEUR LE DAUPHIN.

COMÉDIE.

ACTE I.

Le Théatre représente une grande Salle du Château.

SCENE PREMIERE.

BERTRAND, LE MAGISTER, LE COLLECTEUR.

BERTRAND.

HÉ bien, M. le Magister, serez-vous ici à votre aise?

LE MAGISTER.

A merveille, M. Bertrand, à merveille; voilà ce qu'il nous falloit pour faire la répétition de notre fête : n'est-il pas vrai, Collecteur?

LE COLLECTEUR.

Assurément.

BERTRAND.

Songez, sur-tout, mes amis, que c'est aujourd'hui que Monseigneur revient de la Cour. Il sera flatté en recevant votre compliment que vous profitiez de cette occasion pour célébrer l'heureux accouchement de la Reine, & la naissance de notre Dauphin.

LE COLLECTEUR.

Eh! comment lorsqu'on a un si bon Roi ne pas partager sa joie?

AIR : *Vous le voulez, je vous le donne, &c.*

Oui, c'étoit le vœu de la France,
Elle attendoit cet heureux jour ;
Notre Dauphin par sa naissance
Augmente encore notre amour.
Qui plus que nous dans ce village,
Doit adorer nos Souverains?
La bienfaisance est leur partage,
Eux-mêmes nous tendent les mains.

AH! mes amis, qu'il vous souvienne
De ces momens délicieux,

COMÉDIE.

Où dans Archeres & Compiegne,
Des pleurs coulerent de leurs yeux;
Fut-il jamais un si bon pere,
Un si bon Roi pour ses sujets?
Malgré les charges de la guerre,
Louis augmente ses bienfaits.

BERTRAND.

Fort bien, mes amis; n'agissez que d'après votre cœur, la fête en sera plus agréable.

LE MAGISTER.

Malgré tout, vous ne croiriez pas que j'ai manqué d'en devenir fou.

BERTRAND.

Eh! pourquoi donc?

LE MAGISTER.

Pour avoir été chargé par Monseigneur, d'enrégistrer toute la jeunesse du canton, afin de choisir dix garçons & dix filles, que lui & une Princesse de ses amies veulent marier en l'honneur de ce jour.

Toutes les filles du village,
 Peres, meres & garçons
 Venoient faire le tapage
 Et m'étourdir de leurs noms.
 C'étoit Pierre, c'étoit Gille,
C'étoit Babet & Louison,
 Mathurin, Grosjean, Garguille

Qui crioient à l'uniffon :
Monfieur, je me recommande,
Je veux époufer Babet ;
Non, c'eft moi qui la demande,
Difoit un autre en fauffet.
J'avois beau dire : filence,
Paix-là, paix-là, paix donc là ;
Un moment de patience,
Enfans, on vous mariera.
C'étoit Pierre, &c.

BERTRAND.

Voilà ce que c'eft que d'être en place, mon ami.

LE COLLECTEUR.

Oui ; mais vive celles où l'on tient les cordons de la bourfe, on fe paye par fes mains; n'eft-ce pas vrai, M. le Concierge ?

BERTRAND.

Vous le favez bien, vous, M. Simon, en votre qualité de Collecteur... A ça arrangez-vous ici, & n'oubliez pas que voilà le buffet.

LE COLLECTEUR.

J'y fongeois juftement.

BERTRAND.

Fort bien ; je vous laiffe, car fi Monfeigneur vient aujourd'hui, je n'ai pas trop de tems.

SCENE II.

LE MAGISTER, LE COLLECTEUR.

LE COLLECTEUR.

Voyons, approchons cette table. (*Le Magister tire des papiers de sa poche.*)

LE COLLECTEUR.

Comment! que vas-tu faire?

LE MAGISTER.

Régler nos comptes.

LE COLLECTEUR.

Oh! un moment, déjeûnons d'abord.

LE MAGISTER, *mettant des lunettes.*

Non, il faut auparavant voir où nous en sommes. Assis-toi, je t'en prie. (*Il parcourt un papier & compte.*) Quatre & quatre font huit, & quatre font treize.

LE COLLECTEUR.

Tu te trompes, huit & quatre font douze.

LE MAGISTER.

Mais de par tous les diables, M. le Collecteur, vous n'apprendrez pas à compter à un Magister: quatre & quatre font huit, & quatre font treize.

LA FÊTE DU VILLAGE,

LE COLLECTEUR.

C'est ce qui te bloufe,
Huit & quatre font douze.

LE MAGISTER.

Huit & quatre font douze?

LE COLLECTEUR.

Huit & quatre font douze.

LE MAGISTER.

Ah! voilà l'erreur.

LE COLLECTEUR.

Beau calculateur!

LE MAGISTER.

A te parler franchement, je m'y perds, je ne fais où a passé tout l'argent qu'on m'a avancé.

LE COLLECTEUR.

Comment! tu fais déja l'intendant?

LE MAGISTER, *ayant de la peine à déchiffrer.*

Peste soit de la rature!
Est-ce bien mon écriture?

LE COLLECTEUR.

V'là mon âne de nature,
Oui, c'est bien ton écriture:
Pauvre, pauvre Magister,
Va, crois-moi, quittons l'ouvrage.

LE MAGISTER.

Attends donc, oui, c'est un R,

COMÉDIE.

LE COLLECTEUR.

R veut dire en bon langage
Qu'il est tems de déjeûner.

LE MAGISTER.

Au moins, finissons la page?

LE COLLECTEUR.

Je n'en fais pas davantage.

Commençons par déjeûner. (*Il va au buffet.*) Du vin, d'abord. (*Il apporte une bouteille & un reste de pâté.*) Bon! voilà ce qu'il faut sur une table, & non des paperasses. (*Il verse.*) A la santé du Roi, de la Reine, de Monseigneur le Dauphin, & de toute la Cour. (*Il boit.*)

AIR: *Si des galans de la Ville*, &c.

Que de Versailles à Vienne
L'on dépêche des couriers,
En attendant qu'on revienne
Buvons le vin d'Etriers.
C'est, sur ma foi, du Champagne;
Verse vîte, & verse plein:
Vive, vive l'Allemagne,
Et notre charmant Dauphin.

Si tu savois quelle fête,
Quel plaisir pour notre Roi!
C'est un vrai jour de conquête;
Répete donc avec moi:

LA FÊTE DU VILLAGE;

C'est, sur ma foi, du Champag,
Verse vîte, &c.

Eh! bien, comment le trouves-tu?

LE MAGISTER.

Excellent.

> Tel que ce vin délicieux
> Ranime les sens & la joie;
> L'enfant que le Ciel nous envoie
> Fait notre espoir, comble nos vœux;
> Vive LOUIS; vive la France,
> Vive la tige des Bourbons;
> Notre Dauphin par sa naissance
> Nous promet d'autres rejettons.

Oui, mon ami, puissions-nous tous les ans, à pareil jour, vuider un flacon en l'honneur d'un nouveau Prince; mais, à propos, sais-tu que Louison pourroit bien déranger notre fête?

LE MAGISTER.

Pourquoi donc? elle fait son compliment.

LE COLLECTEUR.

Oui; mais ce matin elle est venue me déclarer qu'elle ne se présenteroit pas devant Monseigneur avec d'autre qu'avec Roger, son pere est même d'accord là-dessus.

LE MAGISTER.

Hé! bien, c'est donc une chose faite;

COMÉDIE.

LE COLLECTEUR.

Oui; si sa mere le vouloit... Mais, tiens, la voilà justement.

SCENE III.

MATHURINE, LES PRÉCÉDENS.

MATHURINE.

Ah! je vous trouve enfin, M. le Magister.

LE MAGISTER.

Qu'est-ce donc, Mathurine ? on dit....

MATHURINE.

Sans doute, on dit; mais, moi, j'disons que Louison épousera Rémond, & qu'elle viendra avec lui saluer Monseigneur.

LE MAGISTER.

Vous avez raison, voisine, commencez d'abord par vous asseoir là, à côté de moi.

LE COLLECTEUR.

Et buvez un coup, petite pluie abat grand vent.

MATHURINE, *buvant*.

Oh! j'sommes d'une colere... oui, j'l'aurions dévisagée, quand j'ons vu que son pere la soutenions.

LA FÊTE DU VILLAGE,

LE MAGISTER.

Allons, allons, calmez-vous, & parlons un peu.

MATHURINE.

N'y a pas de parlement à ça ; j'sommes sa mere, c'est tout dire.

LE MAGISTER.

Mais songez-donc que Roger....

MATHURINE.

T'nez, M. le maître, je m'en doutions, vous vous entendez aussi avec eux. Est-ce-là tout le conseil que vous ayiez à me bailler ?

TRIO.

LE COLLECTEUR.	MATHURINE.
Moi, je dis, & c'est un fait,	Moi, j'disons, & c'est un fait ;
Que vous êtes trop sévere ;	Qu'on doit céder à sa mere ;
Roger est doux & bien fait,	Rémond est aussi bien fait :
D'un excellent caractere.	Il me plaît, il doit lui plaire.
Croyez-moi, croyez-moi,	C'est pourquoi, c'est pourquoi,
Je m'y connois, Mathurine,	J'n'entendons pas qu'on m'obstine.
Croyez-moi, croyez-moi.	Oui, ma foi ! oui, ma foi !
Louison sera plus fine.	Je ferai la plus mutine.

LE MAGISTER.

Doucement, donc, s'il vous plaît,
N'ébruitons pas cette affaire,
Sommes-nous au cabaret
Pour crier de la maniere ?
Bas la voix, bas la voix !
Eh ! quels cris de Merlusine !
Bas la voix, bas la voix !
Paix donc, dis-je, Mathurine.

Chit... chit... Songez donc que nous sommes ici dans le château.

COMÉDIE.

MATHURINE.

J'n'en démordrons pas, ou Mathurin n'est pas son pere.

LE MAGISTER, *faisant signe au Collecteur.*

Hé! bien, voyons, arrangeons cette affaire-là.

LE COLLECTEUR.

Je vais chercher Louison.

MATHURINE, *qui s'est apperçue du signe.*

Non, non, restez; j'n'ons pas besoin de vos services, ni de vos conseils, M. le Magister; j'savons à c't'heure-ci à quoi m'en tenir. (*Elle s'en va.*)

LE COLLECTEUR.

Je vais toujours la suivre, crainte d'accident.

LE MAGISTER.

Oui, & fais en sorte que je parle à Louison.

LE COLLECTEUR.

Comment! voilà déja ta femme toute parée, elle a, ma foi! l'air d'une Duchesse.

SCENE IV.

Madame PERNETTE, LE MAGISTER.

Mad. PERNETTE.

Qu'en dites-vous ?

LE MAGISTER.

Bravo ! bravo !

Oui, notre fortune est faite,
Monseigneur nous veut du bien;
Je réponds d'une retraite,
Lorsqu'il te verra si bien;
Mais d'abord, ma chere amie,
Il faut aller doucement :
Car, tu sais, tout dans la vie,
Dépend du commencement.

Mad. PERNETTE.

Une fois dans l'opulence,
Nous nagerons à grande eau.

LE MAGISTER.

Ah ! ma femme, ah ! quand j'y pense ;
Ah ! que cela sera beau !

Ensemble.

Oui, notre fortune est faite, &c.

Mad. PERNETTE.

Il me semble déja y être; tiens, j'ai dans l'idée

que le Roi daignera nous honorer aussi de sa présence.

LE MAGISTER.

Je le voudrois ; il verroit par la sincérité de notre hommage combien nous l'adorons.

Mad. PERNETTE.

Si nous avons ce bonheur, me voilà parée toujours.

LE MAGISTER.

Ah ! bien oui, il s'arrête bien aux habits : va, il ne regardera que dans nos yeux, & n'y verra que l'expression de notre amour pour lui... A ça c'est ici que nous allons répéter.

Mad. PERNETTE.

A propos sais-tu que Louison se désole, & qu'elle ne veut pas de Rémond ?

LE MAGISTER.

Je le sais, c'est justement ce que je vais voir, Simon est allé la prévenir.

SCENE V.

Madame PERNETTE, *seule.*

ME voilà donc parée une fois dans la vie, voyons, admirons-nous tout à notre aise. (*Elle minaude dans les glaces.*)

ARIETTE.

AIR de Menuet.

Etois-je faite en vérité,
Pour me fixer dans un village ?
Avec cet air, cette beauté,
Je méritois un équipage.
    Noble maintien,
    Sourire fin,
    Taille élégante,
    Voix engageante.
Etois-je faite en vérité,
Pour me fixer dans un village ?
Non, la fortune à ma beauté
    Fait un cruel outrage.
Chacun va dire en me voyant :
Quoi ! c'est Madame la Maîtresse ?
    Ah ! qu'elle est bien !
    Ah ! qu'elle est bien !
Monseigneur, même en m'admirant,
Pensera voir une Princesse.
Mais, voyez donc que les habits
Changent les gens, donnent d'aisance ;

Je

Je pourrois faire dans Paris
La femme d'importance.
Avec cet air,
Devois-je avoir un Magister ?
Un Magister !
Fi, ce nom jure ;
C'est insulter à ma figure.
Mais, voyez donc que les habits
Changent les gens, donnent d'aisance !

Une Marquise dans Paris
Auroit moins d'élégance.

Ah ! ah ! voici des jeunes enfans de ce village ; voyons s'ils me reconnoîtront.

SCENE VI.

COLIN, COLETTE, Madame PERNETTE.

COLIN.

JE n'ose, passe la premiere.

COLETTE.

Non, Colin, passe avant moi... ah ! Ciel, v'là une grande Dame !

Mad. PERNETTE.

Entrez, mes enfans, entrez.

COLETTE.

Eh ! c'est Madame la Maîtresse !

Mad. PERNETTE.

Vous ne me reconnoissiez donc pas ?

COLIN.

Non, ma fine !

COLETTE.

Que vous êtes donc belle comme ça !

Mad. PERNETTE.

N'est-il pas vrai ? voyons, que voulez-vous ?

COLIN, *d'un air embarrassé.*

C'est qu'on nous avoit dit que M. le Magister étoit ici, & nous venions...

Mad. PERNETTE.

Demander à vous marier, je parie ?

COLETTE, *faisant une révérence.*

Oui, Madame la Maîtresse.

Mad. PERNETTE.

Comment ! si jeunes ?

COLIN.

Mais, savez-vous que j'aurai quinze ans viennent les vendanges ?

Mad. PERNETTE.

Avez-vous dit cela à vos parens ?

COLIN.

Non ; mais mon pere sait bien que j'aime Colette, & pis une fois que M. le Maître nous aura mis sur la liste, Monseigneur fera le reste.

COLETTE.

Et ma mere, en voyant que c'est en l'honneur de notre joli Dauphin, n'osera pas dire non.

Mad. PERNETTE.

Ah! sans doute; mais dis-moi un peu, Colin, quand Colette sera ta femme, l'aimeras-tu bien?

COLETTE.

Oh! oui, Madame la Maîtresse.

COLIN.

AIR de musette.

Je vais vous dire comment
J'ai su l'amour de Colette;
C'est un jour en badinant
Dans la plaine, sur l'herbette,
Lubin avoit un bouquet,
V'là Colette qui l'arrache;
Pour en parer son corset;
Lubin, lui même, l'attache.
Moi, qui vois ça, dans l'instant
Le feu me monte au visage;
Colette alors en riant
Me dit: c'est un badinage,
Puis elle rend à Lubin
Jusqu'à la moindre fleurette;
Me fait présent de son chien,

En acceptant ma houlette;
Ainsi cela prouve bien
Que Colette aimoit Colin.

COLETTE.

Mon troupeau s'unit au sien
Dès qu'il entend sa musette;
Sous la garde de mon chien
Tous deux paissent sur l'herbette.

Ensemble.

Ainsi cela prouve bien
Que Colin aime Colette;
Ainsi cela prouve bien
Que Colette aime Colin.

Mad. PERNETTE.

Fort bien ; tranquillisez-vous, mes enfans; je vais vous faire enregistrer, trouvez-vous à la fête.

TOUS DEUX.

Ah! Madame la Maîtresse, que vous nous faites bien aises!

AIR : *Et j'y pris bien du plaisir*, &c.

De ce jour plein d'allégresse
Partageons les doux plaisirs;
Sensible à notre tendresse,
L'amour comble nos desirs.
Célébrons donc notre Reine
Et notre charmant Dauphin;
Puisqu'ils serrent notre chaîne,
Notre bonheur est certain.

COMÉDIE.

Mad. PERNETTE.

Oui, mes enfans; ce beau jour promet que vous serez heureux; nous arrangerons tout cela avec vos parens, tenez-vous prêts, on vous fera avertir.

TOUS DEUX.

Oui, Madame la Maîtresse. (*Ils sortent en se tenant la main & en sautant.*)

Mad. PERNETTE.

Comment! qu'est-il donc arrivé, Louison paroît bien affligée?

SCENE VII.

LE MAGISTER, Madame PERNETTE, LOUISON.

LE MAGISTER.

Tiens, ma femme, rassure un peu Louison.

LOUISON.

Vous savez, Madame la Maîtresse, tout ce que vous m'avez fait espérer en faveur de Roger.

Mad. PERNETTE.

Oui.

LOUISON.

Hé! bien, actuellement M. le Magister pense

autrement ; il vient de me quereller devant ma mere, & c'eſt Rémond qu'il veut que j'épouſe.

Mad. PERNETTE.

Pourquoi donc ? vas, Louiſon ne crains rien ; ton pere nous approuve, tu auras Roger.

LOUISON.

Non, c'eſt en vain que j'eſpere,
Vous me promettez Roger,
Je connois trop bien ma mere,
Rien ne la fera changer.

LE MAGISTER.

Ah, ah, ah, elle ſe déſeſpere tout de bon. Comment ! tu ne vois pas que j'ai exprès pris le parti de ta mere, pour l'appaiſer ? il n'y a pas d'autres moyens, trouve-toi ſeulement à la fête avec Rémond, & tu verras.

LOUISON.

Non, M. le Magiſter ; je mentirois & je déſolerois Roger.

La vérité dans cette fête
Doit animer notre plaiſir ;
C'eſt pour elle que je m'apprête,
Il ne faut donc point la trahir.
Oui, dans ce jour plein d'allégreſſe,
Le cœur doit jouir de ſon choix,
Et voir triompher la tendreſſe
Au nom du meilleur de nos Rois.

Mad. Pernette.

Tu as raison, mon enfant, & nous verrons si Mathurine l'emportera sur Monseigneur & sur ton pere.

Louison.

Ah! voilà Roger.

SCENE VIII.
ROGER, LES PRÉCÉDENS.

Roger, *avec gaieté*.

Je te trouve enfin, ma chere Louison... Ah! c'est vous, M. le Magister?

Louison.

Comme il est agité! qu'est-ce que tu as donc?

Roger.

Imagine-toi, que pour m'obliger, François & Lucas ont entraîné Rémond au cabaret, & ils l'ont tant fait boire, tant fait boire qu'il ne peut pas se soutenir.

Le Magister.

Rémond?

Roger.

Lui-même; il ne pourra pas se trouver à la fête.

Louison.

Ah ! que c'est bon ! ma mere le sait-elle ?

Roger.

Non, pas encore ; mais elle m'a vu en passant, & pour lui donner le change, j'ai feint moi-même d'être un peu gris.

Le Magister.

Mais avec tout cela Monseigneur arrive aujourd'hui, cela nous dérange.

Roger.

Pourquoi donc, M. le Maître ? je prendrai la place de Rémond, & d'abord que Monseigneur paroîtra, je me jetterai à ses pieds en m'écriant : ah ! Monseigneur, quel malheur ! Monseigneur, surpris, demandera quel est donc ce malheur ; alors Louison dira tout de suite :

Monseigneur, voyez nos larmes ;
Ah ! laissez-vous attendrir :
L'amour a pour nous des charmes,
Et l'on veut nous en punir.

Le Magister.

Tout cela est fort bien ; mais, si tu m'en crois, tu réussiras encore mieux en lui demandant cette grace en considération de ce jour ; tu n'auras pas prononcé le nom de nos augustes Souverains, qu'à leur exemple, il se fera un plaisir de faire des heureux.

LOUISON.

C'est à quoi je pensois ; ah ! Roger, nous serons unis.

ROGER.

Oui, mon aimable Maîtresse,
Ce jour comblera nos vœux.
Livrons-nous à la tendresse :
Un Dauphin nous rend heureux,
Nous cueillons à sa naissance
Les roses de l'avenir,
Et le bonheur de la France
Nous en fera souvenir.

LE MAGISTER.

Allons, voilà qui est dit, ne perdons pas un moment, & venons faire ici la répétition de notre fête.

Fin du premier Acte.

ACTE II.

SCENE PREMIERE.

(*Le fond du Salon s'ouvre, on apperçoit en perspective les jardins du Château; la nuit est prête à tomber; quatre danseurs, sous la figure des Saisons, portent un berceau en treillage, chargé des productions de chaque saison; Colin & Colette, sous les attributs de l'Hymen & de l'Amour, sont au-dessous du treillage, & tiennent des couronnes; des petits oiseaux attachés voltigent sur le berceau; une troupe de jeunes mariés avancent en marche, au son de la musique; le Magister, Madame Pernette, le Collecteur & un nombre d'habitans du Village les accompagnent.*

LA TROUPE, *en chœur.*

Chantons, célébrons la gloire
De Louis & de sa Cour.
Pour publier la victoire,
Un Dauphin reçoit le jour.
Oui, dans ce regne prospere,
Tout s'annonce en notre honneur!
Bon Roi, bon mari, bon pere,
Louis, fait notre bonheur.

COMÉDIE.

LE MAGISTER.

Bien commencé, mes amis ! voyons, ma femme ; fupposons que je sois Monseigneur, & que, vous, vous soyiez cette princesse qu'il doit accompagner. Plaçons-nous-là.

LOUISON, *s'avançant & s'adressant à Madame Pernette.*

Ah ! qu'il est doux de rendre hommage
A qui fait faire des heureux !
Princesse, au nom de ce village,
Je viens vous présenter les vœux.
Le Ciel, en vous formant si belle,
Pour mieux prouver notre bonheur,
Voulut décorer le modele
Qu'il destinoit à notre cœur.

LE MAGISTER.

Bien ! (*A Colin & Colette.*) Vous, mes enfans, n'oubliez pas de donner la volée aux petits oiseaux ; tout doit annoncer la joie & la liberté.

COLETTE.

Oui, nous ferons comme ça. (*Ils laissent échapper les oiseaux.*)

LE MAGISTER.

Que faites-vous donc ? ceci n'est qu'une répétition ; il faut absolument en avoir d'autres.

UNE JEUNE FILLE, *tenant des tourterelles.*

Tenez, M. le Magister, mes Tourterelles en tiendront lieu.

> Petites, petites,
> Roucoulez pour Monseigneur :
> Petites, petites,
> Peignez-lui bien notre ardeur.

Mais oui, elles font très-jolies; actuellement, répétons nos danses.

(*Les quatre Saisons, qui ont posé le berceau sur les quatre colonnes, détachent en dansant des corbeilles, remplies de fruits & de fleurs; accompagnées de l'Amour & de l'Hymen, elles les présentent au Magister & à son épouse. Les nouveaux Mariés forment des danses champêtres.*)

SCENE II.

LE BARBIER *du Village, tenant sa femme sous le bras & son coquemart de l'autre main; ils paroissent tous deux d'un grand âge.*

LE BARBIER.

> Faites place, jeunesse,
> Au Doyen des époux;
> Malgré notre vieillesse,

COMÉDIE.

Nous voulons comme vous,
Et flon, flon, larira dondaine,
Et guai, guai, larira dondé.

(*Il fait tourner sa femme.*)

Haut le pied, ma Princesse;
Sautons pour le Dauphin;
A vous, belle jeunesse,
Répétez ce refrain:
Et flon, &c.

LE MAGISTER.

Fort bien; Papa, vous égaierez notre fête.
(*On vient annoncer que Monseigneur arrive.*)
Ensemble.

Courons: courons.

LE MAGISTER.

Doucement, marchons en ordre.

(*La musique exprime une marche, & dans l'instant les jardins paroissent illuminés.*)

SCENE III.

MATHURINE, *toute essoufflée.*

AH! j'étouffe; v'là Monseigneur qui arrivont; ce Rémond, qui n'boit jamais, comment a-t-il fait? c'est un tour qu'on lui a joué... Oui, Monseigneur m'en vengera. (*Elle sort; on entend crier :* Ne passez pas par-là.)

SCENE IV.

UN JARDINIER, & UN COURIER, *en bottes & le fouet à la main.*

LE JARDINIER.

QUEL diable de vacarme! v'là le parc tout boulvarsé; pargué! Monseigneur, pour la premiere visite que vous nous faites, c'est pis qu'une chasse au Cerf.

LE COURIER.

Comment! tu es fâché de recevoir ici une partie de la Cour?

LE JARDINIER.

Non; mais avec vos chevaux, v'là le parc ni

COMÉDIE.

plus, ni moins qu'un lendemain de nôces.

> Tout à travers le parterre
> Vous courez le grand galot,
> Pa, ta, ta, tot, tot, tot,
> Est-ce donc là la maniere
> De venir dans un château?

LE COURIER.

Allons, allons, point d'humeur.

> Vuidons pintes & flacons,
> Faisons grand-chere & bombance;
> Mon ami, c'est un garçon
> Qui vient de prendre naissance.
> Il est beau comme le jour,
> Car il ressemble à sa mere;
> Il fixera notre amour
> Ainsi que le Roi son pere.

Hé! bien, penses-tu à ton parc, actuellement?

LE JARDINIER.

Non, vous avez raison, réjouissons-nous.

LE COURIER.

Où sont les offices ici?

LE JARDINIER.

Venez, je vais vous y conduire; rien n'y manque.

LE COURIER.

Bon!

SCENE V.

MATHURIN, MATHURINE, *entrant couroucée.*

MATHURIN.

LA, là, un moment donc, Mathurine.

MATHURINE.

Oui, moi-même, en perſonne, j'voulons parle à Monſeigneur, & j'l'attendons ici.

MATHURIN.

Comment ! un jour comme aujourd'hui ?

MATHURINE.

Tais-toi, tu avois bien affaire d'aider cette drô leſſe-là à me déſobéir, & de m'empêcher d'avancer oui, j'lui aurions baillé un bon ſoufflet.

MATHURIN.

Devant Monſeigneur ?

MATHURINE.

Devant l'y-même.

MATHURIN.

Ah ! ah, ma femme, c'eſt un peu fort, ça.

SCENE VI.

LE COLLECTEUR, LES PRÉCÉDENS.

LE COLLECTEUR.

Victoire, mes amis, réjouissez-vous.

MATHURIN.

Et qu'est-ce qui est triste ici ?

LE COLLECTEUR.

Monseigneur a choisi Roger, & veut lui faire un sort.

MATHURINE.

Comment ! on a déja conté mes affaires à Monseigneur.

Oh ! je l'attends,
Et prétends
Qu'il me rendiont la justice ;
Nos enfans
Sont nos enfans,
Sont-ils donc à sa propice ?
Un j'ordonne est bientôt dit,
Mais j'sommes bien sa servante.
(*Elle fait une révérence.*)

MATHURIN, *en mesure.*

Chit.... chit.... chit.... chit....

MATHURINE.

Sa grandeur, ni son crédit,
C'n'est pas ce qui m'épouvante;
Un j'ordonne est bientôt dit,
Mais j'sommes bien sa servante.

LE COLLECTEUR.

Chit.... chit.... chit.... chit....
Doucement donc, ma commere;
C'est manquer à Monseigneur.

MATHURINE.

Non, j'sommes trop en colere;
Monseigneur est Monseigneur,
Mais moi, je n'savons pas faire
Contre fortune bon cœur:
Un j'ordonne est bientôt dit, &c.

Oui, plus vous serez contre moi, & plus je tiendrai bon.

SCENE VII.

RÉMOND, *encore ivre*, LES PRÉCÉDENS.

RÉMOND.

HÉ! bien, hé! bien, qu'est-ce que c'est?

MATHURINE.

Ah! malheureux, qu'as-tu fait? nous sommes pardus.

COMÉDIE

RÉMOND.

Comment! pardus, c'eſt ici le Château.

LE COLLECTEUR.

Oui, & Monſeigneur eſt arrivé.

RÉMOND.

Hé! bien, me voilà auſſi, moi.

MATHURINE.

Peux-tu paroître dans cet état? vas-t-en, je parlerons pour toi.

RÉMOND.

Ah! bien, oui, & Monſeigneur, qu'eſt-ce qu'il diroit?... Voyons, où eſt Louiſon?

LE COLLECTEUR.

Doucement, voilà, ma foi! nos gens qui reviennent, & Monſeigneur eſt avec eux.

RÉMOND.

On a donc commencé ſans moi! Pargué! oui, v'là Monſeigneur.

(*Il veut courir au-devant, le Collecteur le retient, & ils ſe mettent tous les trois devant lui pour le cacher.*)

SCENE VIII.

LE SEIGNEUR, LE MAGISTER, Madame PERNETTE, LOUISON, ROGER, *les jeunes mariés & toute la suite avancent au son des instrumens champêtres.* MATHURIN, MATHURINE, LE COLLECTEUR *font une révérence, & découvrent* RÉMOND *qui, en voulant aussi saluer, tombe sur le dos de Mathurin.*

MATHURINE.

AH ! Monseigneur, pardonnez, c'est un tour qu'on lui a fait.

RÉMOND.

Oui, Monseigneur ; & voilà ma future. (*Il désigne Louison.*)

LE SEIGNEUR.

Je sais de quoi il s'agit ; Mathurine, croyez-moi, mariez votre fille à Roger : je le fais fermier d'une de mes terres, & pour commencer, voilà quelques avances. (*A Rémond.*) Toi, mon garçon, lorsque tu seras un peu moins gai, viens me trouver, je te marierai comme les autres. (*On l'emmene.*)

COMÉDIE.

ROGER & LOUISON, *se jettant à ses pieds*.

Ah! Monseigneur, que de bontés!

MATHURINE.

Hé! bien, voyez un peu comme les choses tornent. J'sommes toute interdite.

LE SEIGNEUR.

Relevez-vous, mes enfans, & réjouissez-vous. Que tous les jours, au milieu de vos travaux, je vous entende bénir le nom de votre Roi.

En chœur.

Vive Louis, vive la France,
Vive la tige des Bourbons ;
Notre Dauphin par sa naissance,
Nous promet d'autres rejetons.

LE SEIGNEUR.

VAUDEVILLE.

Nous voyons avec allégresse
Naître les enfans de nos Rois ;
C'est par des marques de tendresse,
Que nous affermissons leurs droits.
Vive Louis, vive la France,
Vive la tige des Bourbons,
Notre Dauphin par sa naissance,
Nous promet d'autres rejetons.

LA FÊTE DU VILLAGE,

LE MAGISTER.

Voilà comme on se désespere,
On ne prévoit pas l'avenir;
Mais un bon Roi devient-il pere,
On ne songe plus qu'au plaisir.
Vive Louis, vive la France, &c.

MATHURIN.

Quand je disois à Mathurine,
Tête de femme a toujours tort;
C'étoit des cris de Merlusine;
Mais un Dauphin nous met d'accord,
Vive Louis, &c.

MATHURINE.

Avec tout ça, v'là ma remarque,
Sans Monseigneur, j'avions raison;
Mais ses bontés & not' Monarque
Me font pardonner à Louison,
Vive Louis, &c.

ROGER & LOUISON, *avec le Chœur.*

Tous les jours, dans notre ménage
Vous nous entendrez, Monseigneur,
Pour mieux signaler notre hommage
Chanter ensemble de grand cœur.
Vive Louis, &c.

(*La danse recommence & finit la fête.*)

LES SÉANCES
DE MELPOMENE
ET
DE THALIE,
A LA RENTRÉE
DE LA COMÉDIE FRANÇOISE.

Comédie en un Acte.

PERSONNAGES.

MELPOMENE.
THALIE.
MERCURE.
MOMUS.
MOLIERE.
UN ABBÉ.
UNE MARCHANDE à la toilette.
UN AUTEUR.
UN EXEMPT.
M. LOYAL, Huissier.
LES ACTEURS, suivant leur emploi.

La Scene est sur le Théâtre de la Comédie Françoise.

AVERTISSEMENT.

MON projet, en compofant cette Piece en 1779, étoit de la préfenter pour être jouée à la rentrée des fpectacles; mais réfléchiffant que Boileau dit:

> Qui méprife Cotin, n'eftime pas fon Roi,
> Et n'a, felon Cotin, ni Dieu, ni feu, ni loi:

je fentis qu'il étoit inutile de le tenter. En effet, lorfque j'entends par Cotin ce genre de comédie trifte, ou pomponné, & à fimples bleuettes qu'on s'eft efforcé de fubftituer au vrai comique, pouvois-je me flatter qu'un Théâtre qui a repréfenté ces fortes de pieces avec affez de fuccès les livreroit à la dérifion publique? Non, j'étois dans l'erreur.

Cependant, comme je crois avoir rendu un jufte hommage aux vrais talens, & que je ne me fuis livré à rien qui bleffe, d'ailleurs, la décence & la vérité, j'ai confenti dans le tems, qu'elle fût imprimée, & j'efpere que le lecteur impartial n'y verra aucune perfonnalité.

J'aurois voulu feulement avoir affez de

génie pour expoſer ſur la Scene un auſſi grand homme que Moliere avec toute la force de ſon éloquence & ſa franchiſe philoſophique ; cette idée, dans une autre tête que la mienne, auroit pu produire une excellente piece. Ce n'eſt donc qu'un canevas que je laiſſai à remplir. Auſſi ai-je dit, alors, que ſi cela arrivoit, je ferois le premier à en féliciter ſon Auteur. Deux ans après, j'ai eu la ſatisfaction de le pouvoir faire dans la perſonne de M. de la Harpe, qui donna en 1782 ſa comédie de *Moliere à la nouvelle Salle.* Cette Piece digne de ſon Auteur, eut le plus brillant ſuccès, & chaque fois qu'on la relit, elle juſtifie pleinement les applaudiſſemens qu'elle reçut alors.

LES SÉANCES DE MELPOMENE
ET
DE THALIE,
COMÉDIE.

Le Théatre repréfente une Salle où les Comédiens s'affemblent; elle eft décorée des buftes des principaux Auteurs du Théatre. Melpomene eft affife fur un trône élevé à une des extrémités du bureau; les Acteurs font rangés fuivant l'ordre fixé entr'eux; la féance eft fenfée tenue depuis quelque tems.

SCENE PREMIERE.

MELPOMENE, LES ACTEURS.

MELPOMENE.

MAIS dites-moi donc; mes amis, actuellement que nos plans font arrêtés, quel eft donc le fujet du morne filence qui regne parmi vous; pourquoi ma présence, loin de vous animer, semble-t-elle, au contraire, augmenter votre abbattement?

BRIZARD.

Ah! Déesse, qui de nous en portant ses regards sur cette assemblée, ne sent avec chagrin que le Kain & Belcourt ne sont plus près de lui? Tout, enfin, retrace à notre souvenir les pertes que nous avons faites. C'est ici que Voltaire, aux applaudissemens de toute la nation, reçut les témoignages les plus sinceres de la reconnoissance; c'est ici que les lauriers, dont nos mains le couronnoient, étoient l'emblême de lugubres cyprès. Ses pleurs, que nous vîmes couler, hélas! furent ses derniers adieux.

MELPOMENE.

Non, il existe encore; ses travaux & vous-même le rendront immortel.

MOLÉ.

Ah! puisse-t-il nous entendre, & pénétrer nos ames du feu de son génie.

MELPOMENE.

Soyez-en persuadés. Malgré qu'il ait préféré le plaisir de rester auprès du grand Henri dans l'Élisée, à la gloire de se voir couronner sur le Parnasse, où nous l'attendions, son premier soin a été de parler en votre faveur au Seigneur Apollon. Ce qui, sur-tout, l'a touché vivement, c'est le zele avec lequel vous avez fait part à la Nation de ce glorieux apothéofe, qui fit naître entre nous cette rivalité que notre ami la Harpe a fu exprimer avec tant de force, de grace & de fineffe.

BRIZARD.

En effet, le tableau qu'il en a tracé eft moins l'hommage de l'admiration pour ce grand homme, que l'expreffion des fentimens de l'amitié. Auffi, malgré l'anonyme qu'il vouloit garder, les vrais Connoiffeurs furent-ils lui faire partager l'honneur de ce beau moment.

MELPOMENE.

C'eft vrai, néanmoins moi, qui fuis dans fa confidence, je fais qu'il en auroit joui plus complettement, fi ce jufte enthoufiafme eût fuffi pour ramener la paix fur le Parnaffe.

Mlle. SAINTVAL.

La paix, dites-vous, Déeffe? ah! malheureufement fes douceurs ne font point faites pour les arts. Vous-même, vous l'avez éprouvé dans l'apothéofe en queftion. Avec quelle force, quelle éloquence, n'avez-vous pas été obligée de difputer le prix contre vos fœurs rivales? Eh bien! parmi nous autres fimples mortelles, cela n'arrive que trop fouvent.

MELPOMENE.

Oui; mais il faut convenir que l'univerfalité des talens de Voltaire, pouvoit donner des prétentions à plufieurs d'entre nous, & fur-tout à Callioppe; au reste, nous nous sommes appréciées avec franchise, & nous avons arrêté que chacune de nous examineroit la situation actuelle de son département, & viendroit en faire son rapport afin de réformer les abus, & d'encourager les vrais talens.

UN ACTEUR,

Oh! pour le coup, Déesse, vous tiendrez plus d'une séance avant que de rien arrêter. Réformer les abus?

MELPOMENE, *le fixant.*

Oui, Monsieur, & sur-tout ceux qui les entretiennent.

L'ACTEUR, *à part.*

Taisons-nous, crainte d'explication.

MELPOMENE.

Vous gardez le silence, & vous avez raison; car entre nous, Messieurs, toute la faute n'est pas du côté des Auteurs, les désagrémens que vous faites éprouver...

L'ACTEUR.

Doucement, Déesse; s'il étoit de votre dignité d'entrer dans tous les détails de l'anarchie poétique, vous seriez peut-être très-embarrassée d'asseoir un jugement. Auteurs & Acteurs sont par nature, & sur-tout par état, d'humeur si belliqueuse, que je suis toujours étonné qu'à la premiere répétition d'une piece, il ne reste pas quelqu'un d'entre nous d'estropié dans les coulisses.

COMÉDIE.

MELPOMENE.

J'aime, au moins, sa franchise; mais enfin, n'y auroit-il pas quelques moyens pour mieux s'entendre?

L'ACTEUR.

Non, je crois qu'on les tenteroit en vain; le Public en souffre, sans doute, mais....

MELPOMENE.

Mais, vos revenus n'en vont pas moins leur train, n'est-il pas vrai?

L'ACTEUR.

Au contraire....

MELPOMENE.

Eh! non, non, ne vous plaignez pas; depuis que Dufeulie, le Kaïn, Belcourt ont passé l'onde noire, je suis un peu plus dans le secret, & je sais que sans vos voyages dans les provinces...

L'ACTEUR.

De grace, Déesse, ne comptons pas si haut... il est toujours sage de se plaindre un peu.

MELPOMENE.

Fort bien; mais cependant il faut absolument un nouveau code; ainsi, attendez-vous à discuter sur cet objet avec Thalie... Justement la voici.

(*Melpomene leve le siége, chacun en fait autant.*)

SCENE II.

THALIE, LES PRÉCÉDENS.

THALIE.

Convenez, Melpomene, qu'en me rendant ici après vous, j'obferve l'étiquette établie dans ces lieux. Mes jeux fechent ordinairement les larmes que vous y faites répandre.

MELPOMENE.

Et dites, auſſi, ma chere Thalie, que ce temple eſt particuliérement celui de Melpomene.

THALIE.

Mais, je crois que mes droits égalent ici, pour le moins, les vôtres; qu'en dites-vous, Meſſieurs?

UN ACTEUR.

Aſſurément, Déeſſe, & ſoyez perſuadée que ſi nos facultés répondoient à nos deſirs, vous verriez dans l'inſtant s'élever à votre honneur un temple plus digne de vous, & d'une nation, où chaque jour la délicateſſe & le goût font mieux ſentir le prix des arts (1).

---

(1) La nouvelle Salle n'étoit pas encore bâtie.

THALIE.

COMÉDIE.

THALIE.

C'eſt, juſtement de quoi s'occupe le Seigneur Apollon. Moi-même, j'ai exprès engagé Moliere à m'accompagner, pour concilier, s'il eſt poſſible, vos intérêts & les plaiſirs de la Nation.

LES ACTEURS.

Moliere?

THALIE.

Lui-même, mes amis; mais ne craignez rien, il ne vient point pour vous gourmander, comme il faiſoit autrefois ſes anciens camarades. Il m'a promis d'être indulgent.

UN ACTEUR.

Ce grand homme auroit tort de ſe plaindre, car enfin nous le jouons ſouvent, & nous le ferions davantage, ſi le Public ne paroiſſoit mieux aimer lire ſes ouvrages que de les voir repréſenter.

THALIE.

Non, dites que vous trouvez plus commode de diſſerter, d'analyſer les ſentimens, que d'offrir des portraits animés, des ſcenes en action. En un mot, Meſſieurs, vous ne jouez plus la comédie, vous converſez.

UN ACTEUR.

Et cela, Déeſſe, parce que c'eſt le ton de la Société actuelle. Notre art, vous le ſavez, eſt de

F

copier nos modeles, notre intérêt même l'exige ; d'ailleurs, accufez-en vos Auteurs : pourquoi fe font-ils laiffés entraîner aux abus de l'efprit & de la frivolité ?

THALIE.

Vous avez raifon, & c'eft pour cela que depuis quelques jours, j'ai invité Moliere à aller voir de plus près & la cour & la ville. Momus qui l'accompagne viendra nous l'annoncer.

MELPOMENE.

Momus ! C'eft un plaifant qu'il eft bon que j'évite. Le voici juftement. (*Elle fe retire.*)

SCENE III.

MOMUS, LES PRÉCÉDENS.

MOMUS.

AH, ah, pour le coup, notre ami Moliere ne pouvoit venir plus à propos.

THALIE.

Comment ! Qu'eft-il donc arrivé ?

MOMUS.

Imaginez-vous que le premier perfonnage qu'il a rencontré en entrant dans le foyer, eft un Auteur,

COMÉDIE.

soi-disant comique, qui, déclamant cromatiquement un drame, faisoit pleurer une nombreuse assemblée.

THALIE.

Bon ! & Moliere s'est-il fait connoître ?

MOMUS.

Non, mais il n'a pu s'empêcher de dire son sentiment ; & le voilà aux prises avec Messieurs les Lacrimaturges.

THALIE.

Qu'il y prenne garde ; ces gens-là n'entendent pas raillerie.

MOMUS.

Oh, ma foi, notre lecteur le poursuit jusqu'ici.

THALIE.

Moliere garde encore l'incognito, sans doute. Ne disons rien. (*Elle se retire un peu à l'écart, & s'entretient avec les Acteurs.*)

SCENE IV.

Les Précédens, MOLIERE, UN AUTEUR; *son habit est chamaré de bandes noires, roses & jaunes; une pleureuse sur une manche, un chapeau avec un crêpe d'un côté, & des fleurs de l'autre.*

MOLIERE.

LAISSEZ-MOI là, vous dis-je, & courez vous cacher.

L'AUTEUR.

Mais on entend les gens au moins sans se fâcher.

MOLIERE.

Moi, je veux me fâcher, & ne veux point entendre.

L'AUTEUR.

A ce brusque dédain je ne puis rien comprendre;
Et ce n'est point ainsi qu'on repousse un Auteur.

MOLIERE.

Pourquoi donc m'obséder? ai-je l'air d'un flateur?

L'AUTEUR.

Mais encore, Monsieur, ayez pour agréable,
De me prouver en quoi mon Drame est pitoyable.

MOLIERE.

Eh! morbleu, quelle preuve exigez-vous de plus;
Lorsque tous vos hélas, vos détails superflus,
Loin d'offrir à mes yeux l'homme d'après nature,

COMÉDIE.

Ne font de cent fadeurs qu'une froide peinture.
Croyez-moi, rejettez ces exclamations,
Dérobez au Public vos lamentations;
Vous vous êtes réglé fur de méchans modeles;
Et vos expreſſions ne font point naturelles:
Ce ſtyle découſu, dont on fait vanité,
Sort du bon caractere & de la vérité.
Il faut de la gaîté dans une Comédie,
Et ce genre en un mot, n'eſt pas fait pour Thalie.

L'AUTEUR, à part.

Quel diable d'homme eſt-ce là; il fait des vers comme de la proſe! (*Haut.*) Tenez, Monſieur, parlons un peu plus familiérement. J'avoue que je n'ai pas l'art de verſifier en in-promptu; mais vous conviendrez que lorſqu'il s'agit d'exprimer avec délicateſſe les tendres émotions de l'ame....

MOLIERE.

Exprimez moins, vous le dis-je, & mettez en action. Que ſignifie encore dans votre autre Piece tous ces aſſauts d'eſprits, ces Scenes romaneſques, où, deux Amans en ſtyle recherché, viennent éblouir le ſpectateur, & ne lui laiſſent dans l'eſprit que des mots & de vains détails.

L'AUTEUR.

De vains détails! Eh, que penſez-vous donc de ces Pieces charmantes, qu'on regarde aujourd'hui comme des chefs-d'œuvres d'eſprit & de fineſſe;

Moliere.

Distinguons, s'il vous plaît ; car il faut être juste. J'admets avec plaisir celles dont les scenes enjouées sont pleines de sel & d'agrémens ; celles, sur-tout, qui parent la raison & la vertu des charmes, des graces & de la naïveté. J'en ai même lu de très-sérieuses, dont les sujets, fortement dessinés, m'offroient des passions un tableau véridique ; joubliois alors que l'Auteur devoit me faire rire en faveur de la moralité ; mais il n'est pas moins vrai que ce genre très-excellent à la lecture, nuiroit à la Scene comique. Thalie veut en riant corriger les mortels, tout animer, tout mettre en mouvement ; que chaque personnage, opposé l'un à l'autre, tende à faire valoir le sujet principal ; qu'en un mot, la gaîté pour réformer les mœurs, pour mieux draper les ridicules, prête son enjouement à la Philosophie.

L'Auteur.

C'étoit bon autrefois, parce qu'on aimoit à rire ; mais aujourd'hui, Monsieur, on veut du pathétique, ou du style perlé qui pétille d'esprit & de finesse.

Moliere.

C'est vous qui le voulez, Messieurs les Romanciers.

L'Auteur.

Mais après tout, Monsieur, quelle importance

mettez-vous donc dans tout ceci, nous sommes donc bien coupables à votre compte ?

MOLIERE.

Comment ! n'est-ce rien que de corrompre le goût & d'efféminer les esprits ? Voilà ce qui fait perdre insensiblement cette naïveté, cette noble franchise, si nécessaires au maintien des mœurs ; & je les aime, moi, les mœurs.

L'AUTEUR.

En ce cas, brûlez donc une partie de Moliere.

MOLIERE, *surpris.*

Oh ! oh ! .... Une partie ; c'est un peu fort. Au reste, s'il revenoit, il se feroit justice ; mais vous pourriez l'avoir mal lû.

L'AUTEUR.

Très-bien, Monsieur, très-bien ; & je dis que les Drames respirent au contraire la morale la plus pure.

MOLIERE.

Oui, en belles phrases ; mais nous n'en sommes pas sur ce chapitre ; c'est de ce jargon de ruelle, de cet esprit pomponé, dont il est question actuellement.

(*Ici Thalie s'approche de Moliere.*)

L'AUTEUR.

Je n'y tiens plus. Ah ! c'est-à-dire, mon petit

Monsieur, que décidément mes Comédies ne sont pas de votre goût ?

Moliere.

Non assurément, mon grand Monsieur.

L'Auteur.

Eh bien, sachez pourtant que le Public les applaudira comme il a fait à plusieurs autres.

Moliere.

Graces au jeu des Acteurs : & s'ils veulent être sinceres, ils conviendront....

Un Acteur.

Non, Monsieur, s'il vous plaît, trop de sincérité nous brouilleroit avec ces Messieurs.

Moliere, *à part.*

Ils ont raison, je m'oubliois.

Thalie, *aux Acteurs.*

Mais encore, n'avez-vous pas d'autres pieces à donner ?

L'Acteur.

Oui, mais on les sait par cœur, & la nouveauté pique la curiosité. (*A basse voix.*) Ne pouvant faire rire, nous en sommes quittes pour éblouir, ou faire pleurer, & nous nous défrayons par le nombre des chûtes.

COMÉDIE.

Thalie.

Vous me faites bien de l'honneur; oh, bien, apprenez donc que Moliere que voici...

L'Auteur.

O Ciel ! avec qui étois-je ? Sauvons-nous.

Les Acteurs, *allant à Moliere & l'environnant.*

O grand Homme, recevez....

Moliere.

Mes amis, ce titre m'est bien glorieux ; mais je viens ici comme votre égal, & c'est sur ce pied seulement que je prétends m'entretenir un moment avec vous.... Qui d'entre vous est Préville ?

Thalie *fait signe aux Acteurs.*

Il est, dit-on, encore à la campagne.

Moliere.

Comment ! lui qui passe pour être si exact à remplir son devoir, cela m'étonne..... Mais j'irai le trouver, car je veux l'embrasser.... Que veut cet homme ?

SCENE V.
M. LOYAL, LES PRÉCÉDENS.

M. LOYAL, *prenant à l'écart une Actrice.*

Bonjour, ma chere sœur, faites, je vous supplie,
(*Il montre Moliere.*)
Que je parle à Monsieur.

L'ACTRICE.

Il est en compagnie,
Et je doute qu'il puisse à présent voir quelqu'un.

M. LOYAL.

Je ne suis pas pour être en ces lieux importun ;
Mon abord n'aura rien, je crois, qui lui déplaise,
Et je viens pour un fait dont il sera bien aise.

L'ACTRICE.

Qu'êtes-vous ? Votre nom ?

M. LOYAL.

Dites-lui seulement
Que je viens de la part du Congrès larmoyant.

L'ACTRICE.

C'est un homme qui vient avec douces manieres,
De la part de Messieurs les Auteurs somniferes.
Il voudroit vous parler.

MOLIERE.

Qu'il avance, voyons :
Peut-être auront-ils fait quelques réflexions.

COMÉDIE.

Mes discours au foyer ont causé du murmure;
Mais enfin on revient toujours à la Nature.

M. Loyal.

Salut, Monsieur; le Ciel perde qui vous veut mal.

Thalie.

Ce début est, au moins, un assez bon signal.

M. Loyal.

Vos œuvres que je lis m'ont toujours été cheres,
Et de nombre d'Auteurs je suis l'homme d'affaires.

Moliere.

Monsieur, j'ai grande honte & demande pardon,
D'être sans vous connoître, ou savoir votre nom.

M. Loyal.

Je m'appelle Loyal, natif de Normandie;
Et suis Huissier à verge en dépit de l'envie.
J'ai depuis quarante ans, grace au Ciel, le bonheur
D'en exercer la charge avec beaucoup d'honneur,
Et je vous viens, Monsieur, avec votre licence,
Signifier l'exploit de certaine Ordonnance....

Moliere.

Quoi! vous êtes ici....

M. Loyal.

    Monsieur, sans passion.
Ce n'est rien seulement qu'une sommation,
Un ordre de vuider d'ici, vous & les vôtres,
Mettre les ris dehors, & faire place à d'autres,
Sans délai, ni remise, ainsi que besoin est.

MOLIERE.

Moi ! sortir de céans ?

M. LOYAL.

Oui, Monsieur, s'il vous plaît ;
Ce théâtre à présent, comme le savez de reste,
Au comique moyen appartient sans conteste.
De vos droits désormais il est Maître & Seigneur ;
Et l'aveu du Public, dont je suis le porteur,
Est un titre, je crois, qu'on ne peut contredire.

UN ACTEUR, *à M. Loyal.*

Certes ; cette impudence est grande, & je l'admire.

M. LOYAL.

Monsieur, je ne dois point avoir affaire à vous;
 (*Montrant Moliere.*)
C'est à Monsieur, il est & raisonnable & doux,
Et d'un homme de bien il fait trop bien l'office,
Pour se vouloir, du tout, opposer à Justice.

MOLIERE.

Mais....

M. LOYAL, *à Moliere.*

Oui, Monsieur, je sais que pour un million
Vous ne voudriez pas faire rebellion ;
Et que vous souffrirez, en honnête personne,
Que j'exécute ici les ordres qu'on me donne.

UN ACTEUR.

Vous pourriez bien ici, sur votre noir jupon,
Monsieur l'Huissier à verge, attirer le bâton.

COMÉDIE.

M. Loyal, *à Moliere.*

Faites que ce beau fils se taise ou se retire,
Monsieur ; j'aurois regret d'être obligé d'écrire,
Et de vous voir couché dans mon procès-verbal.

Une Actrice, *à part.*

Ce Monsieur Loyal porte un air bien déloyal !

M. Loyal.

Pour tous les gens d'esprit j'ai de grandes tendresses ;
Et ne me suis voulu, Monsieur, charger des pieces,
Que pour vous obliger, & vous faire plaisir ;
Que pour ôter, par-là, le moyen d'en choisir,
Qui, n'ayant pas pour vous le zele qui me pousse,
Auroient pu procéder d'une façon moins douce.

Moliere.

Et que peut-on de pis que d'ordonner aux gens
De sortir de chez eux ?

M. Loyal.

On vous donne du tems,
Et jusques à demain, je ferai surséance
A l'exécution, Monsieur, de l'Ordonnance.
Je viendrai seulement passer ici la nuit,
Avec dix de mes gens, sans scandale & sans bruit ;
Pour la forme, il faudra, s'il vous plaît, qu'on m'apporte
Le répertoire actuel & les clefs de la porte.
J'aurai grand soin, Messieurs, de ne rien déranger,
Et je vous garantis du plus petit danger.
Mais demain du matin chacun doit être habile
A vuider de céans jusqu'au moindre ustensile ;
Masques, chaise à porteur, seringues & manteaux ;

Mes gens vous aideront, ils ont pince & marteaux.
On n'en peut pas user mieux que je fais, je pense,
Et comme je vous traite avec grande indulgence,
Je vous conjure aussi, Messieurs, d'en user bien,
Et qu'au dû de ma charge on ne me trouble en rien.

MOLIERE.

Du profond de mon cœur je donnerois sur l'heure,
De mes derniers travaux la piece la meilleure,
Et pouvoir, à plaisir, sur ce mufle assener
Le plus grand coup de poing qui se puisse donner.

THALIE, *bas à Moliere.*

Laissez, ne gâtons rien.

UN ACTEUR.

A cette audace étrange,
J'ai peine à me tenir, & la main me démange.

UNE ACTRICE.

Avec un si bon dos, ma foi! Monsieur Loyal,
Quelques coups de bâton ne vous siéroient pas mal.

M. LOYAL.

On pourroit bien punir ces paroles infâmes,
Ma mie, & l'on décrete aussi contre les femmes.

UN ACTEUR, *à M. Loyal.*

Finissons tout cela, Monsieur, c'en est assez;
Remettez ce papier, de grace, & nous laissez.

M. LOYAL.

Jusqu'au revoir. Le Ciel vous tienne tous en joie.

(Il sort.)

MOLIERE.

Puisse-t-il te confondre ; & le corps qui t'envoie.

SCENE VI.

MOMUS, LES PRÉCÉDENS.

MOMUS.

Place, place, Messieurs, voici un Médecin qui se prépare à venir.

MOLIERE.

Un Médecin ! oh, pour le coup, je ne reste pas.

MOMUS.

Mais, songez donc que vous n'êtes plus mortel ; d'ailleurs, ce n'est pas un Monsieur Purgon, c'est, au contraire, un Médecin très-aimable qui tue son monde en badinant. Oh, ces Messieurs sont bien changés ; il vous amusera.

MOLIERE.

Non, non, fou qui s'amuse avec ces Messieurs-là, le jeu finit toujours par quelques Ordonnances ; mais que vient-il donc faire ?

MOMUS.

S'entretenir de vers, de Comédie, & sur-tout

nous prier de garder le silence sur les jolies malades qu'il nous envoie de tems en tems.

MOLIERE.

Oh, qu'il reste tranquille, les morts ont toujours tort : d'ailleurs, s'il est en vogue, on ne m'en croira pas. Mais dussai-je payer sa visite, j'aime mieux revenir dans un autre moment, Thalie le recevra.
(*Il veut sortir.*)

THALIE *l'arrête.*

Eh, non vraiment, il ne peut être en meilleures mains.

MOLIERE.

Non Thalie, permettez; je vais, en attendant, retourner auprès de quelques-uns de mes nouveaux confreres (1), & je reviens, soyez-en sûre.

(*Il sort, accompagné de plusieurs Acteurs.*)

---

(1) A l'Académie Françoise.

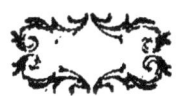

SCENE

SCENE VII.

PRÉVILLE, en Médecin à la mode, THALIE, MOMUS, un ou deux ACTEURS.

Momus.

Ma foi, mon cher Préville, nous sommes pris pour dupes; le nom seul de Médecin l'a tellement effrayé, qu'il court encore.

Préville.

Quoi ! j'aurois le malheur.... au diable la Médecine pour me jouer ce tour. (*Il jette à terre, de dépit, un mouchoir blanc & une bombonniere.*)

Momus.

Doucement, notre ami, ne perdez pas vos pillules. Moliere reviendra, je veux absolument qu'il nous voie tous deux en scene, & je songe....

Thalie.

Justement, j'y pensois, c'est dans Amphytrion.

Préville.

Ah ! Thalie, que ce jour est glorieux pour nous quel bonheur de serrer dans mes bras mon Maître, mon cher Maître, cet homme tout divin !

Momus.

Je suis pourtant bien fâché qu'il ne soit pas resté; car pour faire passer par sa coupelle nombre de gens de toutes especes, j'ai mis en lettres d'or, au-devant de ce Temple : l'Intrigue, Momus & la Malice tiennent ici bureau.

Thalie.

Comment! c'est le moyen d'être accablé, je me retire aussi.

Momus.

Oh, non pas, s'il vous plaît, charmante Thalie; il faut remplir vos fonctions; les vices comme les folies sont de votre ressort.

Thalie.

Oui, mais aujourd'hui j'avois d'autres projets.

Momus.

Le plus utile, & c'est vous qui le dites, c'est de réformer les mœurs.

Thalie.

Comment! eh, depuis quand Momus est-il aussi sensé?

Momus.

Depuis qu'avec Moliere j'ai parcouru la Capitale; oh, nous avons dans notre porte-feuille haut comme ça de caracteres & de portraits! — Il en fera des Comédies, — (*à voix basse*) & moi des Vaudevilles. Mais je l'avois bien dit, quelqu'un nous vient déja. Ah, ah ! c'est un petit Collet.

SCENE VIII.

UN ABBÉ, THALIE, MOMUS, LES PRÉCÉDENS.

L'ABBÉ, *un peu en désordre.*

Seigneur, votre valet ;
Avec grand peine, je vous jure,
J'ai pénétré la foule ; on se presse, on se bat ;
C'est à qui le premier vous rendra sa visite.

MOMUS.

Vous êtes, en effet, en fort mauvais état.

L'ABBÉ, *se rajustant.*

A bon marché j'en serois quitte,
S'ils ne m'eussent pas pris mon miroir & mes gants.

MOMUS.

Comment ! ces Messieurs-là sont donc plus qu'intrigants ?
Mais vous, mon cher Abbé, quel sujet vous attire ?

L'ABBÉ.

Seigneur, c'est celui de m'instruire,
Par quel heureux moyen
Je peux m'insinuer, me rendre nécessaire
Auprès de ces grands, dont le bien

Se dissipe en cadeaux, en bals, en bonne chere.
Il est si doux de ne tenir à rien,
De pouvoir, imitant le papillon volage,
Ne payer ses larcins que par le badinage.

Momus.

C'est vrai, mon cher Abbé;
Mais voyez quelle est mon adresse;
L'Intrigue est à la porte, ici, c'est la Sagesse.
(*Il fait signe à Thalie.*)

L'Abbé.

Comment! mais c'est en vérité
Subtiliser les gens.

Thalie.

N'êtes-vous pas flatté
Que je sois par hasard à votre compagnie?

L'Abbé.

Vous êtes femme, en cette qualité
Vous serez toujours accueillie;
D'honneur, si ce n'étoit votre sévérité....

Thalie.

Oh, fi, de la fadeur? Arrêtez, je vous prie;
Ne perdons pas le tems.

L'Abbé.

Au moins, Déesse, égayons le bon sens;
La morale, ainsi que les Belles,
Pour triompher des cœurs, veut quelques agrémens:
Mais vous allez me faire encor quelques querelles,
Je le vois; cessons donc la dissertation.

COMÉDIE.

(*A Momus.*)

Seigneur, si par hasard il vous vient quelques Dames,
J'apporte justement une collection
De Vers, Romans, Épithalames,
D'une nouvelle édition.
Rouge, blanc d'œuf, mouches, pommades,
Liqueurs & crêmes des Barbades,
Flacon divin pour les vapeurs,
Et pastilles sur-tout des plus fins Confiseurs.

MOMUS.

Ceci fera merveille.
Mais vous ne parlez pas de l'excellent traité,
Qui dicte si bien l'art de percer une oreille,
De placer une plume avec dextérité,
De peindre les sourcils, d'aposter une mouche,
De garnir un corset, de meubler une bouche,
De réparer d'un tour de main
Le désordre d'une surprise;
De récrépir chaque matin
Les appas surannés d'une vieille Marquise.

L'ABBÉ, *riant.*

Oh! je le sais par cœur,
Et, soit dit entre nous, vous en voyez l'Auteur.

THALIE.

Pour parvenir à l'opulence,
Quels secrets voulez-vous qui soient plus précieux?
De vos talens je conçois l'importance;
Vous rempliriez au mieux
L'emploi d'une femme de chambre.

L'Abbé.

J'en jure par mon ambre,
Plus d'une a profité de mes petits talens;
Pour treffer les cheveux j'ai des doigts excellens.
　　　Mais pendant que j'y penfe,
Il faut que vous voyiez mon joli petit chien.
　　(*Il tire un petit chien de fa poche.*)
Regardez-moi ces yeux; oh, vous ne voyez rien:
　　Allons, chou, chou, faites la révérence;
　　　Je l'ai dreffé moi-même exprès.

Momus.

C'eft un préfent à faire à quelques jeunes femmes;
Joignez à ce cadeau de jolis Vers, une Anagramme;
　　Je vous réponds du plus heureux fuccès.

L'Abbé.

Que vois-je! la Furet, cette Marchande à la Toilette.

Thalie.

Oh, pour le coup je fais retraite,
Ces gens-là ne me conviennent pas.
　　Momus, je vous cède la place.

Momus.

Pourquoi donc? un moment.

Thalie.

　　　　　Non; je vais de ce pas
　　Ordonner qu'on efface
　　Une auffi folle infcription.

(*Elle fort, Momus refte feulement avec l'Abbé & la Furet.*)

COMÉDIE.

SCENE IX.
LA FURET, MOMUS, L'ABBÉ.

LA FURET.

AH! ah! c'est vous, l'Abbé....

L'ABBÉ.

Doucement, tais mon nom.

MOMUS.

Voyons, parlez, quel objet vous amene?

LA FURET.

Celui, Seigneur, d'être certaine
Par quel nouveau talent
On peut sortir de l'indigence.

MOMUS.

Par le travail, ma chere enfant.

LA FURET.

Quoi! Seigneur, est-ce-là toute votre science?
Vous vous trompez certainement;
Car moi, marchande à la toilette,
Qui suis, sans me flatter, parfaite
Pour mettre en vogue les bijoux,
Pour glisser même un billet doux,
Je fais très-mince bénéfice.

L'ABBÉ.

C'est qu'aussi trop de gens remplissent ton office.

G 4

LA FURET.

Qu'en penſez-vous, l'Abbé ? Mais, Seigneur, dans quel ſens
Doit-on interpréter ce que je viens de lire?

MOMUS.

Que pour connoître un peu les gens,
Momus a voulu rire.
Mais néanmoins en Marchande prudente,
Laiſſez-là, croyez-moi, le métier d'intrigante;
Il n'eſt pas le plus ſûr.

LA FURET.

Je le ſais bien, vraiment,
Pour premiere fois de ma vie,
J'eus le malheur dernièrement
De trouver la maman
D'une fillette aſſez jolie.
Je tenois un poulet, & d'une main hardie,
La maman l'arracha; jugez mon embarras.
J'eus beau m'excuſer ſur le cas,
Il me fallut à la Juſtice
Rendre compte de mon office;
Sur quoi, ſans m'avertir, ni pourquoi, ni comment,
On voulut cent louis par accommodement

MOMUS.

Comment! on vous tint quitte
A ce prix ſeulement?

LA FURET.

Quoi donc! eh, quelle ſuite
Vouliez-vous, s'il vous plaît, qu'eût ce trait innocent?
Car il eſt bon de vous apprendre

COMÉDIE.

Que je porte un poulet en tout bien, tout honneur;
Je ne me charge point d'en rendre
Pour aucun amant suborneur.
J'exige qu'un bon mariage,
Soit le garant de mon message.

MOMUS.

Ceci rend le métier un peu moins scandaleux.
Mais ayez désormais plus de délicatesse,
Quittez cet emploi dangereux,
Et laissez aux amans le soin de leur tendresse.

L'ABBÉ.

Elle y consent, je crois ! oh, c'est particulier.

LA FURET.

L'Abbé, je trouve encor plus singulier
De recevoir de vous pareille raillerie.
Mon état est au moins utile à l'industrie;
Mais vous, frelons musqués, vous ne tenez à rien,
Enfans gâtés de la folie,
Les Abbés sont de mode ainsi qu'un petit chien.
(*On voit la tête du chien passer par la poche de l'Abbé.*)

MOMUS.

Oh, pour le coup, vous devez rire;
Chou chou vient là fort à propos.

L'ABBÉ.

J'aime aussi les bons mots.
Mais, ma foi, celui-ci tient trop à la satire.

LA FURET, à *Momus*.

Au moins, Seigneur, que je vous fasse voir

Quelques échantillons de mon petit savoir.
Qu'un Mylord curieux demande des dentelles,
Mylord, voyez, lui dis-je, en est-il de plus belles?
Un jeune Colonel, pour donner à souper
  A deux charmantes demoiselles,
 (*A voix basse.*)
N'en veut que cent écus.

Momus.

   J'entends, pour le duper
Vous l'amusez par des libelles.

L'Abbé.

Le fait est vrai, je les connois.
(*A la Furet.*)
Agathe & Zelamon?

La Furet, *riant.*

  Juste, je m'en doutois.

L'Abbé.

Je serai du souper; l'histoire en est plaisante.
Je suis d'avis de vous en amuser.

Momus.

  Non, je la crois intéressante;
Mais dans quelque Roman il vaut mieux la placer.

La Furet.

Et moi, sous le manteau, j'en serai la courtiere.
Jettez un peu les yeux sur cette tabatiere;
 N'est-il pas vrai qu'elle est d'un goût exquis?
Elle offre la douleur d'une jeune chanteuse
  Qui fut la dupe d'un Marquis,

COMÉDIE.

Quand lui-même prétend sa victoire douteuse.
(*Elle fait voir une autre tabatiere.*)
Celle-ci, m'a-t-on dit, vient d'un certain Robin,
    Qui près d'une grande Danseuse,
    Fait ses extraits chaque matin.

M O M U S.

    Fort bien, c'est le moyen
    D'approfondir le Code;
Le bouquet à la main, opinant sur les loix,
On le verra, sans doute, élégant & commode,
De Vénus & l'Amour faire valoir les droits.

L A F U R E T.

Oh, j'allois oublier la généalogie
    De ma lorgnette d'Opéra,
  Elle me vient d'une brune jolie,
Qui de mon cher Abbé ces jours-ci l'acheta.
Lui-même la tenoit de la main généreuse
    D'un étranger qu'il éduqua.
Lequel, favorisé d'une nature heureuse,
Devint en peu de jours un fat très-important,
Un mauvais débiteur, un menteur agréable,
Dupant, toujours dupé, toujours inconséquent,
Enfin, l'homme à la mode, un perfide adorable.

M O M U S.

Qu'en dites-vous, l'Abbé, la reconnoissez-vous?

L' A b b é.

    Peut-être bien. Mais j'ai tant de bijoux.

L A F U R E T, *tirant à la fois diverses bijouteries.*

Ce flacon me revint, quoique d'un prix honnête,

Parce que fermant mal, de subtiles odeurs
  Causerent dans un tête-à tête
 Des maux de nerfs & des vapeurs.
Ce collier terminoit les chagrins d'une veuve,
Qui perdit tout-à-coup un vieux mari jaloux,
  Sans un jeune homme à ses genoux,
Qui fort éloquemment argumenta, fit preuve
Qu'un pareil suicide est sot & des plus foux.
Ces boucles n'ont été qu'un seul jour attachées,
Une jeune beauté, dans un noble dépit,
 Les a, dit-on, de colere arrachées
Pour s'entendre louer par un homme d'esprit.
  Cet éventail, zéphir d'une Bergere,
Fut cet été dernier trouvé sur la fougere.

Momus.

Oh! pour le coup, vous ne finiriez pas,
Et ce que je dirois deviendroit inutile.
On doit à la fortune avancer à grands pas,
  Lorsqu'on est comme vous habile
A déchirer la réputation.
C'est le moyen, je crois, le plus facile
  Pour seconder l'ambition.

La Furet.

Comment ! Seigneur, je vous parois méchante ?
Mais c'est le ton de la Société.

Momus.

Non pas de la plus excellente.
Je trouve ici trop de malignité.
J'aime, il est vrai, la raillerie ;
Mais lorsque la plaisanterie

Dégénere en sarcasme & déchire l'honneur,
Elle coûte souvent bien cher à son Auteur.
 Croyez-moi, retournez à la Ville ;
 Tous deux objets de la futilité,
(Sur-tout auprès des gens, soi-disant de haut style,)
 Vous parviendrez avec facilité.

SCENE X.

MOMUS, THALIE, PLUSIEURS ACTEURS.

THALIE.

Quoi ! tous les deux étoient encore ici ?

MOMUS.

Non, Thalie, vous n'avez pas l'idée d'une pareille intrigante.

THALIE.

Mais aussi quelle folie d'avoir donné un appât semblable à celui-là ; il a fallu main-morte pour s'opposer à une foule de gens qui vouloit absolument pénétrer jusqu'ici. Allons, Momus, voici l'instant de rejoindre Préville ; Moliere revient, je vous en avertis.

MOMUS.

Je l'entends, c'est lui-même. (*Il sort.*)

SCENE XI.

MOLIERE, THALIE, LES ACTEURS.

THALIE.

EH bien, mon cher Moliere, vous avez parcouru & la ville & la cour ; il y a matiere à nous occuper, n'est-il pas vrai ?

MOLIERE.

Oui, mais je crois qu'il me seroit plus difficile de saisir aujourd'hui les ridicules & les travers qui regnent parmi vous.

THALIE.

Comment ! Moliere se défie de son génie ?

MOLIERE.

Oh, j'en ai vu assez pour cela. Le luxe & la vanité ont fait naître une si grande uniformité d'extravagances & de sotises dans tous les Etats, que je ne reconnois plus ma Nation. Toujours aimable, sans doute, & pleine d'agrémens, j'ai d'abord été séduit par les dehors les plus enchanteurs, j'ai même pensé un instant qu'elle avoit plus de délicatesse & de vrai goût pour les arts que dans mon siecle ; mais insensiblement le charme s'est dissipé, & je n'ai plus trouvé que vaines futilités, que prestiges voluptueux. Ce n'eſt plus cette magnificence noble & ſoutenue, ce génie mâle & vigoureux, qui donnoit tant d'énergie aux François de mon tems : oui, ſans un petit nombre qui le conſerve encore, je n'emporterois peut-être que des regrets.

THALIE.

Ah! Moliere, ſi l'on vous entendoit.

MOLIERE.

Comment! Thalie croit-elle que je ſois venu comme un Etranger, qui a intérêt de flatter une Nation, pour y trouver plus d'agrémens & de complaiſance? Non, j'aime ma patrie, & je ſuis véridique. Enjouée, ſenſible, généreuſe, toujours fidelle & tendrement attachée à ſon Roi, je ſuis fâché de voir que le luxe l'ait en effet perdue ; qu'en un mot, l'amour effréné des faux plaiſirs augmente encore la légéreté & l'inconſtance naturelles au François, & l'égare, ſans doute, ſur le juſte emploi de mille vertus qu'il porte dans ſon cœur.

THALIE.

Moliere ! Moliere ! le Drame vous gagne.

MOLIERE.

Oh, ceci n'eſt pas ſujet pour rire, il s'agit du bonheur de mes concitoyens.

THALIE.

Oui, mais ils vous diront : faites des Comédies, c'eſt là que nous ſaurons goûter votre morale.

Moliere.

Des Comédies ! Je pardonne aux Auteurs, je n'en pourrois plus faire. Irai-je dire aux femmes qu'elles font encore plus coquettes qu'autrefois, lorfqu'elles en conviennent hautement ? A la plupart des maris, qu'ils devroient être moins complaifans, lorfqu'ils y trouvent fi bien leur compte ? Ferai-je la guerre à cette multitude d'extravagans qui fe ruinent avec autant d'imprudence que de folie, & jouiffent impunément des dépouilles de leurs Créanciers ? Non, mes amis, mes travaux feroient inutiles, on viendroit rire à mes Comédies ; chacun raifonneroit très-fenfément fur l'art que j'aurois employé, conviendroit même de la vérité de mes portraits ; mais n'en fuivroit pas moins fon penchant, je n'aurois donc plus la fatisfaction de corriger les mœurs.

Thalie.

Oh, pour le coup, je fuis forcée de dire que Moliere s'eft laiffé entraîner à l'opinion. Voilà pofitivement ce qui gâte la plupart de mes Auteurs. Perfuadés de n'avoir plus de caractere à traiter, ou de ne pas réuffir en frondant des vices qu'ils chériffent eux-mêmes, ils ne cherchent qu'à éblouir pour le moment, & préferent la gloire en argent comptant à celle qui feroit plus durable, & vraiment utile à la fociété.

Moliere.

COMÉDIE.

MOLIERE.

J'en suis bien fâché pour vous, ma cheré Thalie; mais je crois avoir bien vu, ou du moins j'aurois besoin de venir étudier long-tems ma Nation, pour pouvoir la bien peindre.

THALIE.

Oh, pour ceci, d'accord, engageons donc nos Acteurs à se rendre un peu plus difficiles, il y va même de leur honneur.

MOLIERE.

Oui, mais ils n'en sont pas toujours les maîtres; je l'ai éprouvé moi-même. C'est donc ici le lieu de votre assemblée? Voyons, prenons séance, puisque Thalie l'exige, & voyons si en effet nous pourrons remédier à quelques abus.

(*Thalie va occuper le Trône, Moliere est à sa droite, & chaque Acteur se place suivant son rang.*)

(*Le Théatre s'obscurcit.*)

SCENE XII.

PRÉVILLE, *dans la Piece d'Amphitrion.*

Qui va là ? hé ? ma peur à chaque pas s'accroît.
Messieurs, amis de tout le monde.

(*Momus faisant le rôle de Mercure, joue avec Préville les deux premieres Scenes, jusqu'à ce Vers, où il dit :*)

Ah ! tu prends donc, pendart, goût à la baftonnade.

(*Alors Moliere, qui a feint, à plusieurs reprises, d'aller à Préville, mais que Thalie a arrêté, se leve, en disant :*)

Oh, pour cette fois, je m'y oppose, mon cher Préville. (*Il l'embrasse.*) Je t'ai reconnu d'abord, mais j'ai voulu jouir de tout le plaisir que tu m'as fait. Courage, mon ami, oui, tu es mon Acteur.

PRÉVILLE.

Je le suis donc de la Nature. O ! mon maître, mon cher Maître, pour vous convaincre plus parfaitement combien le Public & nous-mêmes admirons vos Ouvrages, restez, nous les jouerons exprès alternativement.

COMÉDIE.

MOLIERE.

Oh bien, puisque c'est ainsi, je fais plus. Je serai enchanté d'y jouer quelques rôles avec toi; allons, Messieurs, je suis des vôtres, remettons notre séance, & voyons à nous préparer.

THALIE.

Quoi! vous pensez que je resterai comme simple spectatrice? Non, s'il vous plaît. Je prétends jouer aussi: Momus aura donc la complaisance de retourner vers Apollon, & de lui faire part de notre projet.

MOMUS.

Très-volontiers, & puisqu'il s'agit de rire, je serai bientôt de retour. (*Il sort.*)

(*Au moment que Moliere va pour sortir, accompagné de Thalie & des Acteurs, un Auteur & un Exempt entrent.*)

SCENE XIII & derniere.

L'AUTEUR, L'EXEMPT, LES PRÉCÉDENS.

L'AUTEUR.

Tout beau, Monsieur, tout beau, ne courez pas si vîte;
Vous n'irez pas fort loin pour trouver votre gîte:
Et de la part du Prince, on vous fait prisonnier.

MOLIERE.

Que veut dire ceci ?

L'AUTEUR.

Qu'au milieu du foyer
Vous avez fait entendre une voix téméraire ;
Sur nous, fur le Public & fur le Ministere.

UN ACTEUR.

Mais, vous ignorez donc....

L'AUTEUR.

Je n'ignore de rien ;
Quiconque eft contre nous n'eft même pas Chrétien.
Ah ! Monfieur prétendra qu'au Théâtre on doit rire.

L'EXEMPT.

Mon ami, c'eft fur vous que tombe la fatire.

L'AUTEUR.

Sur moi, Monfieur ?

L'EXEMPT.

Sur vous, & venez en prifon.

L'AUTEUR.

Comment ! hé, pourquoi donc ?

L'EXEMPT.

J'en fais, moi, la raifon.
Vous, grand homme, croyez qu'en dépit de l'envie
Nous vivons fous un Roi qui hait la calomnie.
Un Prince, dont les yeux fe font jour dans les cœurs,
Et que ne peut tromper tout l'art des impofteurs.

COMÉDIE.

D'un fin discernement sa grande ame pourvue,
Sur les choses toujours jette une droite vue,
Chez elle jamais rien ne surprend trop d'accès,
Et sa ferme raison ne tombe en nul excès;
Il donne aux gens de bien une gloire immortelle,
Mais sans aveuglement il fait briller son zele,
Et l'amour pour les vrais ne ferme point son cœur
A tout ce que les faux doivent donner d'horreur.
Ces Messieurs n'étoient pas pour le pouvoir surprendre,
Et des piéges plus fins on le voit se défendre.
D'abord, il a percé par ses vives clartés.
Des rapports indiscrets toutes les lâchetés.
Ce Monarque, en un mot, pour mieux en voir la suite,
M'a de ce délateur confié la conduite.
Il sait que les méchants ne vous connoissant pas
Ignorent quel motif conduit ici vos pas.
Oui, son desir seroit que le divin Moliere (1)
Pût revenir encor se fixer sur la terre.
Qu'unissant son exemple à vos sages leçons,
Il nous vît tous agir mieux que nous n'agissons.
Que la futilité, le luxe, l'égoïsme,
Sans cependant vouloir outrer le rigorisme,
Laissassent prospérer ses utiles projets,
Que le bonheur, enfin, régnât sur ses Sujets.

MOLIERE.

A ce noble desir je reconnois mon maître,
Oui, dans son petit-fils il a voulu renaître.

---

(1) A ce nom l'Auteur marque sa surprise.

Portez-lui donc mes vœux. Dites à votre Roi
Que les Dieux l'aimeront sans cesse ainsi que moi,
Et que déja Minerve au Temple de Mémoire
A gravé ses vertus & célébré sa gloire.

(*On baisse la toile.*)

Fin des Séances de Melpomene & de Thalie.

LE FRANÇOIS

A AMSTERDAM,

Comédie en trois Actes, en Prose.

PERSONNAGES.

VANBLOOM, Pere de Rosalie.
Madame DELFORT, Sœur de Vanbloom.
ROSALIE.
DORVAL, François.
WARDICK, Anglois fixé en Hollande.
DOMINATI, Italien fixé en Hollande.
CORELLA, Femme de charge de la Maison.
MERLIN, Valet de Dorval.
DURIMET, Poëte.
BASANE, Libraire-Imprimeur.
LUCAS, Paysan.
Deux Garçons Tapissiers & Porteurs.

La Scene est à Amsterdam, dans la maison de Vanbloom.

AVERTISSEMENT.

LA plupart des Auteurs Dramatiques qui nous ont mis en scene chez l'étranger, plus jaloux d'amuser que d'honorer la nation, n'y représentent volontiers le François que comme un aventurier, un jeune étourdi, qui se livre à toutes ses passions, & fortifie contre lui, par ses extravagances, les préjugés les plus défavorables. Il sembleroit, à les en croire, que nous sommes incapables des moindres vertus. Mon dessein, en refondant entiérement la Comédie du *François à Amsterdam*, que j'avois déja faite, a donc été de prouver le contraire. J'ai voulu mettre au Théâtre un François, dont les mœurs & les sentimens servissent en quelque sorte de témoignages aux Nations, qu'elles sont peut-être plus faites pour s'estimer & vivre en paix qu'elles ne l'imaginent.

JE ne sais si j'ai fait une bonne Piece, & si elle mérite d'être représentée. C'est au

AVERTISSEMENT.

Public à en juger ; mais je redoute tellement les démarches qu'il faudroit faire, que je ne tenterai jamais par moi-même à obtenir cet honneur. D'ailleurs, j'en reviens à ce que j'ai dit à ce sujet dans l'Avertissement de *l'Intendant comme il y en a peu.*

LE FRANÇOIS A AMSTERDAM,

COMÉDIE.

ACTE I.

Le Théâtre représente un Sallon décoré à la Hollandoise.

SCENE PREMIERE.

CORELLA, DOMINATI. (*Ils entrent sur la pointe du pied.*)

CORELLA.

NE faisons point de bruit, personne ne nous a vus.

DOMINATI.

Oui, ma chere Corella, si tu parviens à découvrir cette trahison, sois sûre de toute ma reconnoissance.

CORELLA.

Eh, Monsieur, ne m'en ayez point d'obligation; car ne m'eussiez-vous pas placée ici pour veiller à vos intérêts, j'agirois pour mon compte; souvenez-vous du tour perfide qu'un François m'a joué. Comment, après trois ans d'amour sincere de ma part, le fripon, à la veille de m'épouser, se sauve furtivement, & me laisse là ! Oui, je soutiens qu'en tels lieux que voyage un François, l'amour & l'intrigue sont toujours de l'équipage.

DOMINATI.

Et tu es bien sûre que Dorval a le portrait de Rosalie ?

CORELLA.

Si sûre, que je l'ai surpris plusieurs fois l'admirer avec le plus tendre intérêt. Dailleurs, ce que j'ai entendu de la confidence qu'elle même a faite à une de ses amies, doit suffire, je crois ?

DOMINATI.

Oui, Corella, tout confirme mes soupçons. L'inquiétude & l'embarras que je remarque depuis quelque tems dans Dorval, l'indifférence de Rosalie, &

sur-tout son affectation à m'éviter, sont des preuves trop certaines que j'aime une infidelle.

CORELLA.

Tenez, Monsieur, il faut achever de vous convaincre ; mais soyez prudent.... Vous voyez bien ce cabinet, qui tant de fois a excité votre curiosité.

DOMINATI.

Oui.

CORELLA.

Eh bien, je suis enfin parvenue à en avoir une seconde clef, & je sais actuellement ce que votre rival y faisoit avec tant de mystere. Vous allez voir. (*Elle ouvre le cabinet, & apporte un tableau sur un chevalet.*)

DOMINATI.

Comment ! c'est Dorval & Rosalie elle-même !

CORELLA.

Ceci est-il clair ? (*Montrant le tableau.*) Monsieur est si persuadé de son triomphe, qu'il la conduit à l'autel.

DOMINATI.

Ah ! Corella, je n'ai plus rien à ménager, & je vais de ce pas.....

CORELLA.

Modérez-vous, Monsieur, songez que vous aimez.

DOMINATI.

Hélas! oui, je ne l'aime que trop encore. Me trahir ainsi... Mais non, Rosalie est séduite, Dorval seul est coupable.

CORELLA.

C'est donc lui seul qu'il faut punir. Laissez-moi faire.

DOMINATI.

Non, dans l'instant je vais trouver ce séducteur.

CORELLA.

Vous auriez tort, adressez-vous plutôt à Wardick; cet Anglois, ami de la maison.

DOMINATI.

A Wardick? je m'en garderai bien, tu sais que nous sommes mal ensemble.

CORELLA.

Oui, mais, ici, il vous serviroit d'autant mieux, que la tante de Rosalie paroît, contre lui-même, donner la préférence à votre rival... Mais, qu'entends-je ? O Ciel! c'est Dorval.

DOMINATI.

Dorval! (*Il fait un mouvement pour aller au-devant de lui.*)

CORELLA *le retient.*

Monsieur, qu'allez-vous faire? aidez-moi, au

contraire. (*Ils reportent le chevalet & le tableau, & ne ferment qu'imparfaitement la porte du cabinet.*)

DOMINATI.

Retire-toi, Corella, retire-toi, il faut que je m'explique.

CORELLA.

Vous nous perdrez tous, vous dis-je. Suivez-moi, Monsieur, suivez-moi. (*Elle l'entraîne, & ils sortent par un côté opposé.*)

SCENE II.

DORVAL, *seul.*

N'EST-CE point Dominati ? Il paroît m'éviter... Quelle situation que la mienne ! Une affaire d'honneur me force à quitter ma patrie, je suis accueilli, comblé d'amitiés dans cette maison; j'y trouve une jeune personne selon mon cœur, & il faut que je fuie, si je ne veux point jetter le trouble dans sa famille.... Ah ! Rosalie, je ne me suis que trop apperçu, malgré ta prudence, de tes sentimens pour moi ; mais puisque, jusqu'à présent, nous avons eu la force de respecter l'un & l'autre nos devoirs, je veux au moins, par mon silence, que tu jouisses comme moi complettement de la victoire. (*Il tire un de sa poche.*) Mais que signifie encore ce billet ?

Wardick auroit-il pris aussi de la jalousie contre moi; les égards de Madame Delfort en pourroient être cause? En effet, cette femme, qui réunit tous les travers de la folie à la raison, m'a embarrassé vingt fois, & si je voulois profiter de ses dispositions, pour masquer le vrai motif qui m'attacheroit à cette maison, rien ne me seroit plus aisé; mais non, je sens que le véritable amour épure les sentimens. Je ne suis plus cet étourdi, qui se faisoit un jeu de désoler les femmes; je rougirois de les tromper.... Mais Wardick me prévient.

SCENE III.

WARDICK, DORVAL.

WARDICK.

Ah! vous voilà, Dorval?

DORVAL.

Je sortois à l'instant pour vous aller trouver.

WARDICK.

Oui, mais moi, impatient de vous voir, me voici... A ça, Dorval, vous êtes François, je suis Anglois; malgré tout, je vous crois mon ami?

DORVAL.

COMÉDIE.

DORVAL.

Assurément, Monsieur, & je vous crois le mien.

WARDICK.

En ce cas, parlons donc franchement. Etes-vous mon rival?

DORVAL.

Si je l'étois, Wardick, généreux comme vous l'êtes, je ne rougirois pas de vous en faire l'aveu.

WARDICK.

Embrassez-moi, morbleu! (*Il jette des pistolets.*) Ceci m'est inutile.

DORVAL.

Comment! des pistolets?

WARDICK.

Oui, mon ami, des pistolets; je n'aime point à languir, moi. J'ai été une fois jaloux dans ma vie, mais j'ai promis qu'à la seconde je saurois m'en guérir.

DORVAL.

En effet, le remede est certain.

WARDICK.

Comment donc! cette diable de maladie vous feroit assassiner tout le monde, on est fou. Oh, il vaut mieux tourner sa folie contre son rival & sur soi-même, que de faire des sottises.

DORVAL.

C'est conséquent, au moins. Mais à votre tour, Wardick, permettez ; c'est vous que je choisis pour épancher mon cœur.

WARDICK.

Bon, voilà ce que j'aime, je saurai au moins à quoi m'en tenir. Je vais reprendre mes armes.

DORVAL.

Eh! non, mon cher, écoutez-moi. Loin que vous puissiez avoir la moindre inquiétude au sujet de Madame Delfort, sachez que je meure, en secret, d'amour pour sa niece, & que la crainte de jeter le trouble dans cette maison me force à partir.

WARDICK.

Quoi! vous aimez, & vous partez.

DORVAL.

Oui, je sens que si je restois plus long-tems, je trahirois les devoirs de l'hospitalité.

WARDICK *lui prend la main.*

Oh! pour le coup, mon ami, voilà des sentimens qui me réconcilient plus que jamais avec votre nation. Mais, un moment, votre amour désobligeroit peut-être moins M. Vanbloom que vous le pensez.

DORVAL.

Pardonnez-moi. Simple voyageur, & sur-tout

militaire; comment me flatter qu'il me donneroit la préférence sur le gendre qu'il a choisi? Non, Wardick, je vous le répète, la reconnoissance me force même à respecter mon rival, puisqu'il est son ami.

WARDICK.

Bravo! noble François, j'admire votre délicatesse; mais moi, je sais ce que j'ai à faire. Dominati, étranger comme vous, n'a d'autres droits que l'amour qui l'attache à Rosalie; c'est donc à elle à prononcer sur le choix de son cœur, & je vous avoue qu'elle m'a déja engagé plusieurs fois à rompre ce mariage. D'ailleurs, je connois le caractere de cet Italien; tout honnête-homme qu'il soit, il rendroit certainement sa femme très-malheureuse.

DORVAL.

Non, Wardick, laissez-moi prévenir les malheurs dont je pourrois être cause.

WARDICK.

Et si, au contraire, vous faisiez le bonheur de l'amante que vous abandonnez?

DORVAL.

Ah! que n'ai-je en effet d'autres devoirs à remplir que ceux de l'amour!

WARDICK.

N'en parlons plus; tout ce que je vous demande, c'est de retarder votre départ de quelques jours.

DORVAL.

Il faut donc que j'évite de voir Rosalie.

WARDICK.

Eh! bien, M. Vanbloom va selon l'usage venir prendre ici le thé, laissez-moi seulement faire quelques tentatives.

DORVAL.

N'est-ce pas lui que j'entends.

WARDICK.

Lui-même.

SCENE IV.

VANBLOOM, *tenant une gazette*, UN DOMESTIQUE, *le suit & vient dresser une table; le rechaud & la bouilloire étoient déja disposés dans un des coins du Sallon*; WARDICK, DORVAL.

VANBLOOM, *à part*.

AH! bon, les voici. (*A Wardick.*) Hé! bien, Monsieur le politique, j'ai donc gagné mon pari? tiens, lis.

WARDICK.

Une gazette?

VANBLOOM.

Oui, Monsieur, une gazette, & qui dit vrai.

WARDICK.

Comme toutes celles dont on amuse l'oisiveté, ou la sotte crédulité de ces profonds politiques, que nos Ministres ont la malice de mettre presque toujours en défaut.

VANBLOOM.

Une satire ne prouve rien, lis, te dis-je, & paye... Dorval? aide-le un peu, je t'en prie; tu as été témoin du pari?

DORVAL.

Oui, Monsieur; mais je n'entends rien à ces sortes de calculs.

VANBLOOM.

Oh! il les entend bien, lui... hé bien?... quoi?... ce Gazetier est donc sorcier? où sont passés tous ces fonds-là?

WARDICK.

Ma foi! je n'en sais rien, ce qu'il y a de sûr, c'est que j'ai perdu.

VANBLOOM.

Ah! Monsieur en convient donc? mon cher Wardick, si l'on va toujours de ce train-là chez toi, nous les laisserons faire, au moins?

WARDICK.

Je le crois, mais heureusement nous avons des loix, & de bons patriotes, qui sauront y mettre ordre.

VANBLOOM.

Oui, si ces mêmes fonds n'achetoient pas des voix.

WARDICK.

Oh! malgré tout...

VANBLOOM.

Malgré tout. Veux-tu faire un second pari?

WARDICK.

Non, je vois que je pourrois perdre.

VANBLOOM.

A la bonne heure... A ça, le thé nous attend, les Anglois font leurs affaires, faisons les nôtres; Dorval, assis-toi.

DORVAL.

Excusez, Monsieur, j'aurois affaire pour le moment.

VANBLOOM.

J'entends, ces Dames n'y sont point, le déjeûner ne te plaît pas. Pour moi, je m'en passe fort bien; pourquoi ne viennent-elles pas?

COMÉDIE.

DORVAL.

Je vais les faire avertir. (*Il sort.*)

VANBLOOM.

Eh ! non, ce seroit les déranger de leur toilette, car à présent, grace au voyage que Madame ma sœur a été faire à Paris, pour se consoler du veuvage, on ne vit plus ici qu'à la Françoise.

SCENE V.

VANBLOOM, WARDICK.
(*Ils prennent le thé.*)

WARDICK.

Savez-vous que, plus j'étudie Dorval, plus je le trouve sensé ?

VANBLOOM.

Mais oui, pour un François, cela m'étonne.

WARDICK.

Si j'avois été à Paris, lors de son affaire, il n'auroit certainement pas vendu son Régiment; son adversaire avoit tort.

VANBLOOM.

Oui ; mais il l'a tué.

WARDICK.

Et s'il ne l'eût pas fait, il fe déshonoroit.

VANBLOOM.

Sottife que cela ! quand on a des loix fages, on s'en fert, & on ne s'expofe point à mourir par bienféance ; j'aime à vivre, moi.

WARDICK.

Vous convenez donc qu'il y a de bons réglemens en France ?

VANBLOOM.

Oui ; mais, cela n'empêche pas qu'on en rapporte beaucoup de folies. Vois, pour un féjour d'un an que ma fœur a fait dans la Capitale, comme elle eft revenue.

WARDICK.

Elle feule a tort ; pourquoi, juftement, choifit-elle les ridicules ?

VANBLOOM.

Oh ! voilà notre philantrope, toutes les nations font admirables avec lui. Tu n'es pas Anglois, au moins ?

WARDICK.

Quoi ! parce que je fuis jufte ?

VANBLOOM.

Non, tu n'es pas Anglois : as-tu cet orgueil, ce

COMÉDIE.

flegme ironique, brufque & fantafque, qui diftinguent fi bien tes patriotes?

WARDICK, *d'un ton badin.*

Et les rendent fi peu fociables, n'eft-il pas vrai? C'eft une erreur, croyez-moi. Quiconque nous connoît bien, n'eft pas auffi févere : moi, j'ai tâché de voyager utilement ; j'ai toujours cherché le vrai caractere d'une nation dans le peuple, & même loin des grandes villes. Je n'ai jugé, en un mot, de l'efprit national, que d'après les mœurs générales, & non fur les abus. La France, quoi qu'on en dife, m'a toujours plu infiniment.

VANBLOOM.

Quoiqu'elle ait gâté ta maîtreffe?

WARDICK.

Cela fe paffera, je connois le caractere de votre fœur : jeune encore, & féduite par de faux dehors, elle s'eft imaginée qu'il falloit chanter, danfer, faire même des vers pour être aimable ; l'air de fon pays aura bientôt calmé cette fermentation.

VANBLOOM.

Mais, tu ne vois donc pas que ce travers s'eft fi bien emparé d'elle, que le premier François qu'elle apperçoit lui fait tourner la tête? Dorval, enfin, puifqu'il faut te le dire...

WARDICK.

Oh! pour lui, convenez du moins qu'il fait honneur à son choix.

VANBLOOM.

Fort bien!... Parbleu! notre ami, tu devrois bien faire un pareil aveu devant ma sœur, tu abrégerois au moins le Roman; mais non, sans cela, les choses vont assez bon train.

WARDICK.

Et n'en avancent pas davantage.

VANBLOOM.

Sa tranquillité me démonte; tu ne l'aimes donc pas?

WARDICK.

Beaucoup, mais je connois Dorval.

VANBLOOM.

M. Wardick, il est François; &, selon eux, l'amour excuse tout.

WARDICK.

Je ne crains rien; je voudrois seulement pour le bonheur de votre fille, M. Vanbloom, que Dominati eût les mêmes qualités que Dorval.

VANBLOOM.

Comment! que lui manque-t-il? n'est-il pas jeune encore, riche & plein d'ordre dans ses affaires?

COMÉDIE.

WARDICK.

Oui; mais cela suffit-il pour faire le bonheur d'une femme ; connoissez-vous bien à fond son caractere ?

VANBLOOM.

Jusqu'à préfent, je n'ai rien vu en lui qui ne fût très-raifonnable.

WARDICK.

Mais, si cette févérité de principes le rendoit trifte, impérieux, jaloux même, croyez-vous qu'une jeune perfonne, qui n'a éprouvé avec vous que les douceurs de la plus tendre amitié, jouiroit d'un fort agréable avec un pareil époux ?

VANBLOOM.

Quoi ! ce feroit-là le caractere de Dominati ?

WARDICK.

N'en doutez pas.

VANBLOOM.

Mais, en ce cas, pourquoi donc avoir été jufqu'à préfent à m'en inftruire ?

WARDICK.

Parce qu'on a toujours craint de vous mortifier inutilement.

VANBLOOM.

Eh ! non, la vérité ne m'offenfe jamais : j'aime ma fille, & je veux qu'elle foit heureufe.

WARDICK.

En ce cas, M. Vanbloom, étudiez donc votre gendre avec plus d'atttenion.

VANBLOOM.

Certainement, car je déteste les jaloux... Mais n'est-ce pas ma sœur que j'entends rire ainsi ? justement, elle est avec Rosalie.... (*Il se leve.*) Oh! parbleu, je suis curieux d'écouter leur conversation.

WARDICK.

Prenez-y garde ; les curieux sont souvent punis.

VANBLOOM.

Chit!... J'entends qu'on me nomme.

WARDICK.

Oh! ma foi, je vous laisse ; voilà l'heure de mes affaires, nous nous verrons à la bourse. (*Wardic sort. On rit aux éclats.*)

VANBLOOM.

C'est exactement une Françoise, entendez-vous comme elle rit ?... Mais elle vient ici, où me mettrai-je ? dans un de ces cabinets. (*Il pousse la port du cabinet où est le tableau.*)

COMÉDIE.

SCENE VI.

Madame DELFORT, ROSALIE, DURIMET.

Mad. DELFORT.

Comment! où font-ils donc? on les difoit ici. Oh! bien, nous déjeûnerons dans mon appartement. M. Durimet, vous voyez que pour notre bal l'endroit eft affez fpacieux?

DURIMET, *avec l'accent gafcon.*

C'eft ce que je remarque; ici, je place la mufique; là-dedans, les buffets, les rafraîchiffemens; oh! laiffez faire, Madame, je veux que cette fête faffe du bruit par toutes les fept provinces, que même la gazette d'Utrecht en inftruife l'Europe.

Mad. DELFORT, *riant.*

Il femble qu'il y foit déja.

DURIMET.

Mais oui, fandis! il y a affez long-tems que l'engourdiffement regne dans ces climats; j'entends y faire renaître les plaifirs, la joie, tous les agrémens de la Société.

Mad. DELFORT.

Ce fera un peu difficile.

DURIMET.

Notre Lycée, Madame, notre Lycée opérera cet heureux changement. Par exemple, n'eſt-ce point un meurtre (*Montrant Roſalie.*) que cette charmante perſonne, jeune & ſpirituelle comme elle eſt, tombe déja dans l'ennui? A peine daigne-t-elle ſourire à nos jeux.

Mad. DELFORT.

C'eſt juſtement ce dont je me plains; oui, mon enfant, que ton pere diſe tout ce qu'il voudra, je veux me croire ici au milieu de Paris. Vois depuis mon retour comme nos femmes entendent mieux l'art de ſe mettre; l'aiſance, le goût, la politeſſe ont paſſé juſques chez nos Cavaliers.

DURIMET.

Paris, en effet, vous a beaucoup changée, ma tante.

Mad. DELFORT.

J'étois du dernier ridicule; oh! je veux te former.

ROSALIE.

Tenez, voilà poſitivement ce ton, cette volubilité que critique mon pere.

Mad. DELFORT.

Parce qu'entiérement livré à ſon commerce, il n'a, pour ainſi dire, que traverſé la France.

COMÉDIE.

DURIMET.

En effet, ma belle Demoiselle, quoi de plus noble & de plus agréable que de se faire honneur de sa fortune, d'encourager, de cultiver les talens ? Le chant est l'expression de la gaîté, la danse un amusement, un exercice qui fortifie, donne de la noblesse & de l'aisance dans le maintien ; l'art de faire des vers est un art divin, il orne l'esprit, développe l'imagination, & fait de votre maison un lieu enchanté.

Mad. DELFORT.

Oui, je veux, à l'exemple de ces Femmes célebres, si recherchées en France, rassembler autour de moi, les Savans, les Artistes, les Beaux-Esprits, les former même, instituer, en un mot, une Académie.

ROSALIE.

Et c'est pour vous seconder dans toutes ces belles choses que Monsieur vient de Paris, sans doute ?

DURIMET.

Non, Mademoiselle, c'est parce que les talens recherchent toujours les Graces.

ROSALIE.

C'est très-galant, Monsieur ; néanmoins je ne crois pas que M. Wardick soit plus satisfait que mon pere de ce beau projet.

Mad. DELFORT.

Je le sais, aussi l'ai-je rayé de mes tablettes.

ROSALIE.

Wardick ?

Mad. DELFORT.

Lui-même, & je crois qu'il s'y attend. Sa tranquillité, qu'on nomme ici philosophie, me déplaît actuellement. J'ai fait un autre choix, & que tu approuveras.

ROSALIE.

Lequel donc ?

Mad. DELFORT.

Dorval.

ROSALIE.

Dorval ?

Mad. DELFORT.

Oui ; un peu plus de gaîté ce seroit un François accompli.

ROSALIE.

Mais êtes-vous sûre de ses sentimens pour vous ?

Mad. DELFORT.

Oh ! je suis persuadée qu'il n'a besoin, pour s'expliquer, que d'une occasion, & je la lui prépare.

ROSALIE.

ROSALIE.

Par exemple, je ne crois pas, non plus, que mon pere vous approuve en cela.

SCENE VII.

VANBLOOM, LES PRÉCÉDENS.

VANBLOOM, *sortant du cabinet.*

Non, en vérité. (*Durimet, effrayé, se sauve.*)

Mad. DELFORT.

Comment ! Monsieur, vous me jouez de ces tours-là ?

VANBLOOM.

Me voilà donc convaincu de ce que je soupçonnois.

Mad. DELFORT.

Oh ! pour le coup, si je l'avois su, je vous aurois bien arrangé.

VANBLOOM.

Quoi ! ma sœur ?...

Mad. DELFORT.

Ah ! mon frere, je sais tout ce que vous voulez dire.

VANBLOOM.

Mais encore, raisonnons au moins.

Mad. DELFORT.

C'eſt inutile, mon choix eſt fait.

VANBLOOM.

Vous donnez là un bel exemple à votre niece.

Mad. DELFORT.

Mais oui, je veux qu'elle ait la gaieté de ſon âge... des graces, des talens...

VANBLOOM.

Et ſur-tout beaucoup de babil, du faſte, des bals, qu'en un mot elle devienne une Héroïne de Roman.

Mad. DELFORT.

Quelle ironie bourgeoiſe!

VANBLOOM.

Non, vous dis-je, je ne conſentirai jamais que vous rejettiez Wardick. Dorval, tout aimable qu'il ſoit, ne peut par ſon état, ſur-tout, s'allier avec nous.

Mad. DELFORT.

Oh! bien, je ſuis auſſi politique, moi, tout cela eſt déja arrangé là.

VANBLOOM.

Sans doute, dans votre tête; mais je vois bien qu'il eſt inutile de nous expliquer davantage. Je vais toujours commencer par marier ma fille, crainte de la contagion.

Mad. DELFORT.

Et avec votre M. Dominati, qui la rendra fort heureuse?

VANBLOOM.

Si j'en doutois, j'aurois bientôt changé d'avis ; ce qu'il y a de sûr, c'est que j'espere prévenir vos folies.

Mad. DELFORT.

Et moi, les vôtres. Ah! vous êtes curieux? adieu, Monsieur, adieu.

VANBLOOM.

Elle a absolument perdu l'esprit.

SCENE VIII.

VANBLOOM, ROSALIE.

VANBLOOM.

EH! bien, mon enfant, est-elle assez extravagante? Quoi! nous laisserions passer une partie de notre bien dans les mains de Dorval? non, en vérité ; je vais agir de façon à l'éloigner promptement.

ROSALIE.

Quoi! mon pere, au moment que vous lui êtes le plus utile?

K 2

VANBLOOM.

J'en suis bien fâché, mais il n'est pas naturel que je préfere ses intérêts aux miens. Dis-moi un peu, tu es bien discrete, au moins ?

ROSALIE, *étonnée.*

Moi ! mon pere ?

VANBLOOM.

Oui, toi ; oh ! je suis dans le secret.

ROSALIE, *à part.*

O Ciel ! liroit-il dans mon cœur ?

VANBLOOM.

C'est inutile, je sais tout, te dis-je.

ROSALIE.

De grace, mon pere, expliquez-vous.

VANBLOOM, *la regardant.*

Mais oui, on a parfaitement saisi tes traits.

ROSALIE.

Je ne comprends pas.

VANBLOOM.

Non ? Hé ! bien, moi, sans l'avoir cherché, je suis dans la confidence ; tiens, regarde. (*Il va pousser la porte du cabinet.*)

ROSALIE.

Comment ! quel est donc ce tableau ?

COMÉDIE

VANBLOOM.

Je te le demande.

ROSALIE.

Je l'ignore abfolument.

VANBLOOM.

Mais ! voilà qui eft fingulier. J'ai cru en effet m'appercevoir que Dorval cultivoit la peinture. Eft-ce une furprife qu'il nous ménage ? en ce cas, taifons-nous ; cependant que fignifie cette allégorie ? Je vois bien ici Dorval, toi-même qu'il conduit vers un temple ; quel eft celui qu'on apperçoit fur ces degrés ? Enfin, il nous expliquera, fans doute, ce que cela veut dire... Mais, à propos, eft-il vrai que Dominati foit auffi jaloux qu'on le prétend ?

ROSALIE.

Quoi ! mon pere, vous l'ignoriez ?

VANBLOOM.

Affurément, c'eft un vilain défaut ; je veux l'en corriger.

ROSALIE.

Si vous pouvez, car il eft Italien.

VANBLOOM.

Oh ! ne te laiffe point prévenir : honnête, douce & prudente comme tu l'es, mon enfant, on a bientôt mérité la confiance d'un mari ; la crainte tourne, alors, au profit de la tendresse, & l'on devient la femme la plus heureuse.

ROSALIE.

Oui ; mais si ce mari est aussi jaloux que ceux dont vous m'avez quelquefois entretenu ?

VANBLOOM.

Oh ! alors, c'est un vice de caractere qu'on ne corrige pas, & le mal est sans remede.

ROSALIE.

En ce cas, je m'en rapporte à votre prudence. Les vrais sentimens de Dominati ne vous ont échappés que parce que, sans doute, il a toujours eu l'art de s'observer vis-à-vis de vous.

VANBLOOM.

Oui-dà, oh ! bien, je suis aussi fin que lui, je l'aurai bientôt pénétré, laisse-moi faire. Je vais même le trouver de ce pas, & profiter d'une affaire que j'ai à traiter avec lui, pour l'amener à mon but. (*Il sort.*)

COMÉDIE.

SCENE IX.

ROSALIE, *seule*.

Que je me fais bon gré d'avoir eu la force de cacher mon trouble ! Quoi ! Dorval est aimé, & ma tante est ma rivale ! En effet, depuis quelques jours il semble craindre de se trouver seul avec moi. Mais, qu'ai-je besoin de m'assurer de l'état de son cœur ? mon pere ne consentiroit jamais à me le donner pour époux. Ah ! Dorval, pourquoi t'ai-je connu ?... Ce qui prouve l'affreux caractere de Dominati, c'est l'art qu'il a eu de placer ici une surveillante, qui, sous l'apparence de soigner attentivement les intérêts de la maison, s'est emparée de l'esprit de mon pere, & ne cesse de m'observer... Mais, ô Ciel ! c'est Dominati : je voudrois l'éviter.

SCENE X.

ROSALIE, DOMINATI.

DOMINATI.

Eh ! quoi, Mademoiselle, est-il donc vrai ?.... Vous me fuyez, cruelle.

ROSALIE.

Non, Monsieur, mais ma tante m'attend, je me rends auprès d'elle.

DOMINATI.

De grace, un mot seulement.

ROSALIE, *à part.*

Qu'aurai-je à lui répondre ?

DOMINATI.

Ah! Rosalie, malgré le serment que j'avois fait.

ROSALIE.

Eh! bien, Monsieur, voilà donc encore des reproches, de quoi vous plaignez-vous ?

DOMINATI.

O Ciel ! de quoi ? vous ne le savez que trop, & puisqu'il faut m'expliquer....

ROSALIE.

Cessons, je vous prie, un entretien qui ne peut que m'offenser. C'est vis-à-vis de mon pere qu'il faut faire connoître votre caractere. Je ne peux vous entendre. (*Elle sort.*)

SCENE XI.

DOMINATI, *seul.*

Oui, perfide, c'est vis-à-vis de ton pere que je vais démasquer une intrigue qu'il ignore. Elle croit que je n'ai point découvert son amour pour cet Étranger. Quelle autre preuve Corella attend-elle ? Hélas ! je voulois ménager la cruelle ; mais avec quel mépris elle m'abandonne à ma fureur ! c'en est fait, j'ai perdu jusqu'à son estime, je n'ai plus rien à respecter ; il faut que je me venge.

(*Il veut entrer.*)

SCENE XII.

CORELLA, DOMINATI.

CORELLA.

EH ! Monsieur, quelle fureur ! où courez-vous ainsi ?

DOMINATI.

Me perdre, & Rosalie elle-même.

CORELLA.

Quoi ! c'est donc pour cela qu'elle vient de vous nommer ?

DOMINATI.

Ah ! qu'elle oublie jufqu'à mon nom, je ne veux plus la voir.

CORELLA.

Vous l'avez donc inftruite de tout ?

DOMINATI.

Non, mais fes nouveaux mépris me la font détefter : laiffe-moi me venger, & punir mon rival.

CORELLA.

Mais expliquez-moi donc....

DOMINATI.

Que veux-tu que je dife, quand, revenant peut-être pour tout oublier, la cruelle m'accable de fes dédains, & s'offenfe des témoignages de ma tendreffe.

CORELLA.

Mais auffi, c'eft votre faute ; voilà dix fois que vous faites éclater toutes les fureurs de la jaloufie.

DOMINATI.

Ai-je tort, en effet ?

CORELLA.

Non, pour cette fois ; mais votre impatience fera caufe que Dorval, prévenu, faura fe juftifier, & nous ferons congédiés fans autre forme de procès.

Dominati.

C'est donc pour cela que je veux, de ce pas, aller trouver M. Vanbloom.

Corella.

C'est inutile, il est sorti; d'ailleurs, ce n'est pas encore là l'instant; laissez-moi auparavant m'assurer par moi-même des sentimens de Rosalie, & surtout de ceux de Dorval. Je tiens son valet, c'est un vrai Parisien, un franc étourdi, qui cependant se croit malin, mais que j'amene adroitement à mon but.

Dominati.

Tu le veux, hé bien, agis donc; mais songe que dans mon dépit, je n'attendrai pas la suite de tes recherches.

Corella.

Oh! en ce cas, je renonce à tout.

Dominati.

C'est moi, au contraire, qui prendrai ce parti; adieu, car je pourrois éclater. (*Il sort.*)

SCENE XIII.

CORELLA, *seule.*

JE me suis embarquée là dans une belle affaire; mais non, j'ai des preuves, je tiens mon François; celui-là payera pour le fripon qui m'a joué un si beau tour : oh ! je ne l'oublierai de ma vie. Allons, faisons donc en sorte d'obliger Rosalie elle-même à me confier le secret qu'elle s'obstine à me cacher. Elle prétend me mettre en défaut. Corella en défaut ! Oh ! j'ai trop d'expérience : je connois le cœur des jeunes filles sur-tout ; je l'ai été, & je sais combien un pareil secret est difficile à garder.

Fin du premier Acte.

ACTE II.

SCENE PREMIERE.
ROSALIE, CORELLA.

ROSALIE.

Corella, laissez-moi.

CORELLA.

J'ai à vous parler, Mademoiselle.

ROSALIE.

Je ne veux rien entendre.

CORELLA.

Mais, au moins, dites-moi donc ce qui s'est passé avec M. Vanbloom. Votre tante est d'une colere qui ne se conçoit pas.

ROSALIE.

Peu m'importe.

CORELLA.

Mademoiselle, vous n'avez point de confiance en moi, cependant je veux vous prouver....

ROSALIE.

Oh! laissez-moi, encore une fois.

CORELLA.

Hé bien, puisqu'il faut vous le dire, j'ai entendu une partie de la conversation que Madame Delfort vient d'avoir avec vous.

ROSALIE.

Cela ne m'étonne pas de votre part.

CORELLA.

Prenez y garde, elle ne cherche qu'à avoir votre secret.

ROSALIE, *à part.*

Voilà une méchante créature ! (*Haut.*) Hé ! quel secret ?

CORELLA.

Celui dont elle-même ne fait plus de mystere.

ROSALIE.

Je ne vous entends pas, Mademoiselle, & vous abusez ici de la liberté que mon pere vous donne dans sa maison.

CORELLA.

De grace, rendez-moi plus de justice ; je vous suis attachée plus que vous ne pensez. A votre âge...

ROSALIE, *à part.*

L'hypocrite ! (*Haut.*) A mon âge, on a assez d'expérience pour ne pas se laisser surprendre aux piéges que lui tend une fille aussi dangereuse que vous. Parlez clairement, que voulez-vous dire ?

CORELLA.

Que vous vous défiez des François, & sur-tout de Dorval.

ROSALIE.

C'en est trop, je vous redoute plus que jamais, & n'ai rien à vous répondre. (*Elle revient.*) Voilà le domestique de Dorval, songez à ne compromettre personne ici. (*Elle sort.*)

CORELLA.

Bon ! cette prévoyance seule m'en diroit assez ; ah ! vous en agissez ainsi avec moi, ma petite Demoiselle ? oh ! bien, j'en viendrai pourtant à mon honneur. Merlin vient justement fort à propos ; tâchons un peu de le faire jaser.

SCENE II.

MERLIN, CORELLA.

(*Il apporte une petite malle qu'il pose dans un des coins de l'appartement.*)

CORELLA.

UN moment, s'il vous plaît, cette malle ne doit pas rester là.

MERLIN.

En effet, vive la propreté ! (*Il va pour la reprendre.*)

CORELLA.

Pourtant, en ta faveur, je veux bien qu'elle reste.

MERLIN.

Oh! par exemple, cela mérite récompense. (*Il veut l'embrasser.*)

CORELLA.

Je t'en dispense.

MERLIN.

Eh! non, non, il faut soutenir l'honneur de la Nation; je paye mes dettes.

CORELLA.

Oui, celles-là, parce qu'elles coûtent peu, n'est-il pas vrai?

MERLIN.

Mais de plus gros Seigneurs que moi ne sont pas toujours en fonds pour cela, tu pourrois l'éprouver; tiens, mon enfant, crois-moi, je te l'ai déjà proposé; allions la France avec la Hollande: tu es jolie, je suis bon enfant; tu as de l'argent, je n'ai pas le sou, c'est dans l'ordre.

CORELLA.

Oui, chez toi; mais ici c'est bien différent.

MERLIN.

Aussi, l'intérêt, comment rend-il tes Hollandois? Que signifie cet air pensif, ce maintien grave qui regne

regne par-tout? riez, chantez, faites les plus jolies folies du monde, ces Messieurs vous regardent en silence, & semblent dire : voilà un sot.

CORELLA.

Et c'est vrai, car enfin où cela mene-t-il ?

MERLIN.

A passer joyeusement la vie, mon enfant; n'est-ce rien que cela ?... Oui, je veux te prouver que la gaieté.... (*Il veut encore l'embrasser.*)

CORELLA.

Merlin, je me fâcherai.

MERLIN.

Eh! non, tes yeux disent le contraire.

CORELLA.

Peste de l'étourdi !... Je voulois lui parler, je ne sais où j'en suis.

MERLIN.

Allons, je fais le Hollandois, parle.

CORELLA.

Veux-tu me plaire, & faire ta fortune?

MERLIN.

Tout à l'heure même ; comment cela ?

CORELLA.

C'est d'engager ton maître à nous quitter, & le plutôt possible.

L

MERLIN.

Quelle folie! tu me ruines, au contraire.

CORELLA.

Point du tout, puisqu'autrement vous serez congédiés tous les deux.

MERLIN.

La raison, je t'en prie?

CORELLA.

Qu'il se flatte inutilement d'épouser Rosalie ou Madame Delfort.

MERLIN.

Eh, où as-tu deviné cela?

CORELLA.

Toi-même ne l'ignores pas?

MERLIN.

D'honneur, si je sais un mot de ce Roman; ah! je t'en prie, mets-moi un peu au fait.

CORELLA.

Quoi! il ne t'a jamais entretenu de Rosalie?

MERLIN.

Jamais, du moins à me faire croire qu'il en fût amoureux; cependant, j'avoue que depuis quelque tems il est triste, rêveur, & parle avec un bon sens qui m'étonne. Est-ce que par hasard l'air de la Hollande feroit un pareil effet sur les amans?

COMÉDIE.

CORELLA.

Observe-le bien, & tu verras.

MERLIN.

Eh! non, non, Corella, tu ne connois pas les François. Ils ne sont jamais plus gais que lorsqu'ils ont quelqu'intrigue. Vive l'amour! toujours joyeux, toujours chantant, on le quitte comme on le prend.

CORELLA.

C'est donc ainsi que tu aimes?

MERLIN, *bas.*

Etourdi!... (*Haut.*) Oui, quand il n'est question que d'en faire un jeu, mais avec toi c'est bien différent, car...

CORELLA.

Oh, sans doute... Cependant, avant de m'y fier, je veux voir si tu me seconderas; fais donc en sorte d'épargner des désagrémens à ton maître.

MERLIN, *malignement.*

Que tu es bonne!

CORELLA.

Tu sens bien que cela nous feroit tort à tous les deux?

MERLIN.

Au contraire, Dorval, en s'alliant à une maison aussi riche que celle-ci, généreux comme il est....

L 2

CORELLA.

Non, te dis-je, il eſt inutile de s'en flatter.

MERLIN.

Mais, au moins, laiſſe-nous donc la tante.

CORELLA.

Soit, je vous l'abandonne. Pénetre donc les intentions de ton maître, & rends-m'en compte ; tu me le promets ?

MERLIN.

Oui, je t'en donne ma parole, mettons-y le cachet. (*Il l'embraſſe.*)

CORELLA.

Encore ! tu me l'as volé, au moins.

MERLIN.

N'importe, je le tiens ; dans peu tu me l'offriras toi-même.

CORELLA.

Cela dépendra de toi. Voilà juſtement ton maître ; agis prudemment, & ſur-tout ne me conpromets pas. (*Elle ſort.*)

MERLIN.

Sois tranquille. Ah ! il a des ſecrets pour moi. Feignons d'avoir bu, pour être plus hardi.

SCENE III.

DORVAL, MERLIN.

DORVAL.

AH ! te voilà, où étois-tu donc ? Eh ! bien, as-tu trouvé cette malle ?

MERLIN.

Oui, Monsieur ; (*Il fait un faux pas.*) la voici.

DORVAL.

Mais, tu es gris, je pense ?

MERLIN.

Moi ?

DORVAL.

Oui, toi.

MERLIN.

Bien obligé; parce qu'on est fatigué, vous croyez que....

DORVAL.

Ah ! c'est-a-dire que tu fais ici des connoissances comme à Paris ?

MERLIN.

Mais enfin, Monsieur, j'ai mes affaires aussi, moi, & nous pourrions tendre au même but.

DORVAL.

Que veux-tu dire ? explique-toi.

MERLIN.

Ne projetez-vous pas de faire fortune ? eh ! bien, moi, Monsieur, la mienne est faite.

DORVAL.

Comment ?

MERLIN.

Mais oui, long-tems dupes de l'Amour, le fripon nous favorise enfin. La différence, c'est que, moi, je me saisis un peu plus gaiement que vous des dons qu'il me fait.

DORVAL.

Mais, dites-moi un peu, Monsieur le faquin, ce ton d'ironie ne vous est pas ordinaire : je vous trouve aujourd'hui diablement d'esprit.

MERLIN.

C'est l'effet du genievre, le Champagne Hollandois ; là, Monsieur, parlons franchement, je vous ouvre mon cœur, pourquoi me cacher le vôtre ?

DORVAL, *à part.*

Ce fripon-là m'embarrasse, il m'a deviné. (*Haut.*) Ecoute, Merlin, tu n'es pas actuellement en état de m'entendre, mais...

COMÉDIE.

MERLIN, *avec gaieté.*

Oh ! qu'à cela ne tienne, vous pouvez parler ; je suis du plus beau sang-froid du monde, c'étoit un jeu de ma part.

DORVAL.

Eh ! pourquoi donc ce détour ?

MERLIN.

Par respect, Monsieur ; car si j'eusse été indiscret inutilement, j'en rejetois la faute sur ce Champagne, que cependant je n'ai pas bu.

DORVAL.

Cela étant, sache que loin de vouloir faire fortune par l'amour, je me dispose à partir dès aujourd'hui ; arrange-toi donc en conséquence.

MERLIN.

Eh ! non, non, n'allons pas si vîte, s'il vous plaît. La niece ne fait pas votre affaire ? hé bien, nous avons la tante ; ce parti n'est pas moins avantageux.

DORVAL.

Qui t'a donc si bien instruit ?

MERLIN.

Je devrois me taire, mais pourquoi du mystere ? C'est Corella, cette duegne si adroite, & qui devine tout, comme vous voyez.

L 4

DORVAL.

Oh! en ce cas, nous n'avons point de tems à perdre; mon secret sera bientôt divulgué, & je perdrai tout le mérite du triomphe, que la reconnoissance exige de moi.

MERLIN.

Mais encore, Monsieur, où en sommes-nous ? quelle plus belle occasion de faire fortune, pourquoi la rejeter ?

DORVAL.

Parce que la délicatesse de mes sentimens le veut ainsi.

MERLIN.

Comment! ce seroit un mal que d'épouser des tonnes d'or?

DORVAL.

Oui, Merlin. Jusqu'à présent l'amour n'avoit été pour moi qu'un jeu de pure galanterie, aujourd'hui c'est tout le contraire, j'aime sincérement, & je sens tous les devoirs que j'ai à remplir.

MERLIN.

Miséricorde! Monsieur, est-ce vous qui parlez?

DORVAL.

La fuite seule peut me justifier.

COMÉDIE.

MERLIN.

Oh! bien, moi, qui ne peux m'acquitter dignement des devoirs de l'hospitalité, qu'en les payant de ma personne, je reste, s'il vous plaît.

DORVAL.

Tu restes?

MERLIN.

Mais oui, Monsieur, j'épouse ici, moi.

DORVAL.

Eh, qui donc?

MERLIN.

Corella.

DORVAL.

Quoi! de bonne foi, tu crois que cette intrigante fera cette folie? elle est trop ambitieuse pour cela.

MERLIN.

Elle la fera, Monsieur, si pourtant c'en est une que de m'épouser.

DORVAL.

Imbécille! tu ne vois pas que c'est une adresse de sa part pour te mettre dans ses intérêts.

MERLIN.

Cela peut être; mais à trompeur, trompeur & demi; elle tombera dans mes filets, soyez-en sûr.

DORVAL.

Ainsi, Merlin quitte son maître, & ne veut pas le suivre ?

MERLIN.

Mais, en conscience, Monsieur, songez donc....

DORVAL.

Cela suffit. (*Il se promene en réfléchissant.*)

MERLIN.

De grace, tâchons de nous entendre : la Hollande m'offre aujourd'hui une si belle ressource. Ah ! laissez-moi du moins le tems d'en rapporter une femme, ou plutôt une dot.

DORVAL.

Allons, puisque le secret de mon cœur est découvert, je ne dois pas partir sans m'expliquer ; il faut prévenir les propos indiscrets : voyons M. Vanbloom.

MERLIN.

Oui, Monsieur, & faisons si bien que nous restions. Enterrons-nous dans les ducats.

DORVAL, *s'arrêtant.*

Cependant, je songe à une chose... Vas trouver Dominati, & dis-lui qu'il se rende ici ; je veux qu'il soit témoin du sacrifice que je fais.

COMÉDIE.

MERLIN.

Monsieur, voici justement M. Vanbloom.

DORVAL.

Ne perds donc pas un moment, j'attends exprès.

SCENE IV.

VANBLOOM, WARDICK, DORVAL.

VANBLOOM.

AH! te voilà, Dorval? je te cherchois; tu n'as pas encore reçu tes lettres, n'est-il pas vrai? hé! bien, réjouis-toi, j'en ai reçues, moi; mon correspondant me marque que ton affaire est sur le point d'être arrangée.

DORVAL.

Vraiment, Monsieur?

VANBLOOM.

Oui, tiens, lis... eh! bien, qui de nos amis nous servent avec plus d'activité?

DORVAL.

Je n'ai qu'à me louer des vôtres, assurément, Monsieur; mais la journée n'est point encore passée; les miens m'écriront, sans doute.

VANBLOOM.

Eh ! non, chez vous le plaifir l'emporte fur tout, je l'ai vu par moi-même. L'un paffe la nuit dans la bonne chere, ou à jouer, le lendemain il faut dormir; l'autre fe leve de grand matin, mais c'eft pour courir chez vingt marchands de colifichets qu'il paye en lettres-de-change à protefter, de-là va faire l'agréable à la toilette d'une coquette qu'il décore de fes folies, fait quelques grimaces devant un miroir, fredonne une ariette en pirouettant, prend par diftraction le roman du jour, le condamne ou l'approuve fans l'avoir lu, propofe une partie; trois heures fonnent, l'audience du Miniftre eft manquée, & notre ami refte-là.

DORVAL.

Oui, fi vous parlez de ces jeunes éventés....

VANBLOOM.

Cela revient au même; ceux qui veulent fe donner l'air officieux promettent tout, mais, occupés de leur propre fortune, ces bons amis ménagent leur crédit pour eux-mêmes, éludent adroitement, & par un faux-fuyant fe font encore honneur de leur refus. Dorval, il n'y a, à bien dire, parmi vous que les femmes qui fe dévouent généreufement au plaifir d'obliger. Elles mettent une telle activité, un fi grand intérêt dans leurs démarches, qu'il eft difficile de leur rien refufer.

COMÉDIE.

DORVAL.

Auſſi, Monſieur, je vous l'avoue, c'eſt à elles que je me ſuis particuliérement adreſſé. Cependant, tout en faiſant l'éloge d'un ſexe, dont j'admire, comme vous, la ſenſibilité, croyez qu'il eſt chez les François, de vrais amis, des hommes qui mettent également du zele dans leurs ſervices. Au reſte, vous ne l'ignorez pas, l'ambition & l'intérêt font par-tout des égoïſtes ou de foibles amis.

WARDICK.

Dorval a raiſon, chaque étranger s'eſtime plus que ſon voiſin. Il croit, en le dépriſant, défendre ſa nation, quant au fond ce n'eſt que ſon amour-propre particulier qu'il encenſe.

VANBLOOM.

Eh! de quoi ſe mêle Monſieur le pacificateur? ſi je veux un peu l'aiguillonner, moi? Oui, je ſoutiens que le François eſt généralement plus frivole que raiſonnable, qu'en un mot ſon principal mérite eſt d'embellir juſqu'à ſes défauts.

DORVAL.

J'avoue que ſa légéreté, que ſon goût pour les plaiſirs lui font quelquefois commettre des actions qui feroient tort à ſon cœur, ſi la bonté n'en étoit connue. Cependant, convenez qu'il eſt naturellement sensible, généreux & même fait pour réfléchir quand il veut.

VANBLOOM.

Oui, mais pas long-tems, & sur-tout, le plus souvent, hors de chez lui.

DORVAL.

Chez lui-même; & puisque vous me pressez, je vais tâcher de le prouver. De retour de mes premiers voyages, voici le jugement que j'ai porté sur vous, l'Anglois & nous.

WARDICK.

Oh! oh! voyons donc; le portrait d'un Anglois, peint par un François, doit être curieux.

DORVAL.

N'est-il pas vrai que, savant, ami des arts, plein de lui-même, l'Anglois regarde volontiers tous les autres peuples au-dessous de lui? Que, tout inventif qu'il soit, sa politique est d'enlever ou imiter tout ce qui peut illustrer son pays, & lui être utile. Ce desir de primer produit, en effet, chez lui de grands Hommes; mais aussi il entretient une jalousie & des préjugés qui le rendent inquiet, souvent injuste, & sur-tout turbulent.

VANBLOOM.

Bien! mon ami, bien! continue.

COMÉDIE.

DORVAL.

Né libre, il s'enchaîne cependant quelquefois lui-même, & rit au milieu de ses fers de la servitude où il s'imagine voir les autres. C'est un fleuve, qui, toujours agité, se déborde tout-à-coup sous le poids des orages qui s'élevent de son propre sein. Le premier à rire des ridicules, il les porte à l'extrême. Voyageur fastueux, curieux, actif, il va chez les autres critiquer des folies qu'il finit le plus souvent par adopter. Cependant, rentré chez lui, ce fier insulaire reprend l'esprit de sa nation, & sur-tout son même orgueil.

VANBLOOM, à *Wardick*.

Oh! pour le coup, tu n'as pas à te plaindre...

WARDICK.

D'accord, mais à votre tour; voyons, Dorval, du Hollandois qu'en pensez-vous?

DORVAL.

Que, modéré, sage & plus doux, il observe gravement, & juge peut-être avec trop d'austérité. Toujours semblable à lui-même, il sait en adroit politique profiter des sottises des autres, & même faire des sacrifices, lorsqu'il voit à craindre un engagement trop dangereux. Tout son génie, en un mot, le porte à maintenir les loix dans sa patrie, & sur-tout à suivre la maxime du Bourgeois gentilhomme, qui préfere de demeurer simple spectateur, au danger de se mêler mal-adroitement dans une querelle.

WARDICK.

Bon !

VANBLOOM.

Doucement donc, je l'écoute.

DORVAL.

Comme la navigation & le commerce forment la base de sa gloire & de sa prospérité, il s'en occupe si sérieusement, qu'à peine il lui reste un moment pour ses plaisirs ; aussi, lorsqu'il s'amuse, c'est le bon sens & la franchise qui goûtent paisiblement le fruit de leurs travaux.

WARDICK.

Oh ! par exemple, on voit bien que Dorval est en Hollande, il observe les bienséances.

VANBLOOM.

Sans doute, il voudroit que tu nous eusses pincé un peu plus ferré ; mais, voyons, serois-tu capable d'autant de sincérité au sujet des François ?

DORVAL.

Assurément, Monsieur, je peux me tromper ; mais voici ce que j'en pense. Né sous un climat pur & tempéré, le François ne se livre point par goût aux spéculations profondes. Il préfere volontiers

tiers les arts agréables, il aime à rire, à badiner; cependant, tout en s'amusant, j'ose dire qu'il cultive aujourd'hui, plus que jamais, la saine philosophie, qu'il s'occupe de travaux utiles. Oui, Messieurs, les sciences & les arts lui doivent chaque jour de nouveaux progrès, & ses découvertes dans tous les genres sont un témoignage infaillible de sa sagacité.

Wardick.

C'est vrai, il faut être juste.

Dorval.

Soumis, fidele, & tendrement attaché à son Roi, vous conviendrez, sans doute aussi, que le François est un des peuples, qui sache le plus gaiement jouir de la vie. L'inconstance même & la variété font chez lui une espece de bonheur. Le tems est écoulé, qu'il s'en est à peine apperçu, & ses jours, même au milieu des épines, ont toujours été semés de quelques fleurs. De bonne foi sur ses défauts, lorsqu'on les lui fait connoître, il est le premier à les critiquer.

Wardick.

Oh! point toujours; disons qu'il a l'art de les déguiser, ou qu'il se sauve par une plaisanterie. A-t-il tort? il chante; a-t-il raison? il chante encore; en sorte qu'on ne sait trop à quoi s'en tenir; cette gaieté-là a bien l'air de la vanité, oui?

Dorval.

Il en eſt d'autant moins faux & méchant. Vous avouerez, au moins, qu'il eſt plein d'égards & de politeſſe pour l'étranger.

Vanbloom.

Oui ; mais, mon ami, n'eſt-ce point auſſi chez vous un rafinement d'amour-propre ? On careſſe ſouvent pour l'être à ſon tour.

Wardick.

Non, ſoyons équitables ; le François eſt naturellement honnête & prévenant.

Vanbloom.

A la bonne heure ; cependant je crois que la plupart de vos aimables par excellence reſſemblent à ces coquettes, qui ne vous flattent, & ne ſe parent que pour recevoir des hommages, & ſe faire admirer.

Dorval.

Meſſieurs, je mépriſe comme vous les faux-dehors, ne ſoyons point extrêmes. Careſſés, aimés dans notre pays, ſortons-nous ? c'eſt autre choſe ; chacun s'en défie, on fait notre procès ſur la fatuité de quelques écervelés, que leurs folies portent chez l'étranger, on oublie que les plus honnêtes gens reſtent chez eux, & la nation eſt condamnée. Par exemple, vous nous accordez volontiers de l'estime; mais vous la faites bien attendre, & malheureusement un galant-homme est apprécié presqu'aussi lentement qu'un aventurier.

VANBLOOM.

Mon ami, les hommes veulent être mis au creuset; de même que nous recevons toutes sortes de monnoies, & que les fausses trompent à l'aspect, il est bon de les éprouver.

DORVAL.

D'accord, Monsieur; mais prenez-y garde, je le répete, de tant d'aventuriers qui passent pour François, le plus grand nombre ne l'est pas. D'ailleurs, je conviens de nos défauts; convenez des vôtres, & vivons bons amis.

VANBLOOM.

Qui ne le feroit d'un homme comme toi?

WARDICK.

En effet, M. Vanbloom, pour un Officier...

DORVAL.

Pour un Officier; c'est encore là une de vos erreurs. Apprenez, Messieurs, qu'aujourd'hui le plus grand nombre de nos militaires fait joindre l'utile à l'agréable.

WARDICK.

J'avoue, Dorval, qu'instruit dans votre état, les

talens & les langues que vous possédez, font honneur à votre goût & à votre éducation ; mais combien parmi vous ai-je vu de jeunes étourdis, qu'un même penchant pour les plaisirs rassemble, qui se cherchent par désœuvrement, & se quittent sans regrets ? Ennuyeux, ennuyés, ces jolis Messieurs s'affichent par mille ridicules, & vont, promenant leur inutilité, faire les fats ou les sots aux genoux d'une jeune folle, qu'ils enrichissent pour l'instant, en se ruinant. Toujours gonflés d'orgueil, ils n'estiment qu'eux-mêmes. Ignorans, & croyant tout savoir, riant à tous propos, mauvais plaisans, curieux, indiscrets, volages, irrésolus, libertins, autant par penchant que par un mauvais ton, opiniâtres dans leurs sentimens, & toujours prêts à s'offenser, ils font parade d'un faux point d'honneur, & vont, comme des forcenés, se couper la gorge pour la moindre équivoque, au moment qu'ils se serroient la main affectueusement. Cette réflexion, Dorval, ne peut vous offenser ; votre affaire eût été la mienne.

Dorval.

Mon cher Wardick, il paroît que vous nous avez étudié dans un beau jour.

Vanbloom.

Oh ! malgré tout, il sait rendre justice aux François. Mais, allons au fait. Dorval, ne t'apperçois-tu pas que tu deviens ici un rival dangereux ?

WARDICK.

Eh ! non, je suis tranquille. (*A Dorval.*) Ce n'est pas encore le moment.

VANBLOOM.

Il m'impatiente. Quoi ! lorsque ma sœur dit très-positivement qu'elle prétend l'épouser ?

WARDICK.

Mais, encore, faut-il qu'il y consente.

VANBLOOM.

Oh ! bien, pour te jouer pièce, si j'étois de lui, j'y consentirois ; & peut-être moi-même, alors, y prêterois-je les mains ?

DORVAL.

Non, Monsieur je sais respecter l'amitié.

VANBLOOM.

Cela étant, défends-toi donc comme tu pourras; car, en honneur, je crois qu'elle te fera enlever. Il est vrai que près des Françoises, peu de nos femmes sont faites pour tenter un homme de Cour, sur-tout.

DORVAL.

Rendez-leur plus de justice, Monsieur; personne

n'ignore que la beauté semble, au contraire, avoir fixé ici son séjour.

VANBLOOM.

C'est très-galant ; cependant je suis persuadé que, de retour chez toi, tout en convenant que le sexe, en Hollande, plaît d'abord par sa fraîcheur & la douceur de son caractère, tu diras qu'il n'a pas la vivacité, l'enjouement, cet art de plaire, en un mot, que possedent si bien les Françoises.

DORVAL.

D'accord ; mais aussi, Monsieur, la plupart de ces femmes charmantes dont vous parlez, plus coquettes que sensibles, n'inspirent qu'un goût passager. Elles amusent, piquent la curiosité, même l'amour-propre ; mais bientôt l'inconstance de part & d'autre rompt l'union qui paroît la plus tendre. Ce n'est donc que celles qui, semblables à vos beautés, ont des sentimens & de la franchise, qui fixent chez nous le cœur de tout homme sensé.

WARDICK.

En ce cas M. Vanbloom, il y auroit un moyen pour nous concilier.

VANBLOOM.

Lequel ?

WARDICK.

Ce seroit de trouver promptement un parti qui,

COMÉDIE.

en assurant notre tranquillité feroit le bonheur de Dorval; car convenez qu'il feroit douloureux de le perdre.

VANBLOOM.

Très-volontiers, je me charge de la commission, s'il y consent.

WARDICK, *prenant la main de Vanbloom.*

Ah! Monsieur, s'il est vrai que Dominati...

DORVAL.

Non, Wardick, je suis sensible à ce témoignage d'amitié; mais ce feroit manquer à la reconnoissance que je dois à Monsieur, si j'osois traverser des projets, qui, sans doute, sont absolument contraires à ceux que vous formez dans ce moment pour moi.

VANBLOOM.

Dorval a raison; j'admire sa délicatesse. D'ailleurs, ne prononçons pas légérement sur le compte de Dominati. Je croyois m'expliquer ce matin avec lui, mais je ne l'ai pas trouvé.

DORVAL.

Quoi! Monsieur, vous êtes donc instruit?

VANBLOOM.

Eh! oui; (*Montrant Wardick.*) à l'entendre, il le tient pour l'homme le plus jaloux.

SCENE V.

MERLIN, LES PRÉCÉDENS.

MERLIN, *entrant précipitamment, à Dorval.*

J'ai enfin rejoint M. Dominati. Voici une lettre pour vous, (*A Vanbloom.*) & une pour Monsieur.

DORVAL.

Etourdi, c'est bien dans ce moment que tu devois les remettre.

VANBLOOM, *après avoir lu les premiers mots de la lettre.*

Comment! je suis un suborneur!... & il me propose un cartel! à moi, un cartel!

DORVAL.

O Ciel! quelle méprise! cette lettre est pour moi, Monsieur, voici la vôtre.

VANBLOOM.

Quoi! il refuse aussi d'être mon gendre. Que signifie donc ceci, je n'y comprends rien?

DORVAL.

Un moment, je vous prie, vous allez être instruit. (*A Merlin*) Dominati est-il chez lui?

COMÉDIE.

MERLIN.
Oui, Monsieur.

DORVAL.
Je vous l'amene à l'inſtant.

VANBLOOM.
Non, j'y vais auſſi moi ; voilà donc notre jaloux. Oh, je veux prévenir l'affront d'un pareil procédé, & comprendre ce qu'il veut dire. (*A part.*) Comment ! voudroit-on me tromper ?

SCENE VI.
MERLIN, *ſeul.*

J'AI fait là une belle étourderie. Comme ils vont être reçus ! j'ai vu le moment qu'il alloit me ſauter à la figure, ce Monſieur Dominati. Nous ſommes, à l'entendre, nous autres François, tous des ſuborneurs. Ce qu'il y a de ſûr, c'eſt qu'il eſt queſtion d'un tableau, de regards ſurpris, d'entretiens, de ſoupirs, de portraits, & que deux femmes ſont en jeu, ſans compter la Signora Corella. A l'égard de cette ſéduction-là, c'eſt mon affaire. Mais ! n'eſt-ce pas le diable ? voilà un maudit payſan qui ne me quittera pas. J'ai eu beau vouloir l'éviter, il m'a ſuivi juſqu'ici. Comment ! n'amene-t-il pas avec lui ma future ? Retirons-nous, c'eſt le plus ſage.

SCENE VII.

LUCAS, CORELLA, MERLIN.

Un moment, notre ami, ne courez pas si vîte.

LUCAS, *arrêtant Merlin.*

A qui en a-t-il donc?

LUCAS.

A vous-même; comment! morgué! six bandits de laquais salissent notre maison, chassent cheux nous, pêchent à pleins filets, cassent notre faïence, battent nos valets, & se sauvent encore sans rien payer. Jarnigué! j'allons faire un biau tapage.

COR ELLA.

Doucement, M^e. Lucas, songez que c'est ici la maison de M. Vanbloom.

LUCAS.

V'là ce qui fait aussi que j'filons doux. Oui, M'amzelle, c'est c'futé marle-là qu'étions à la tête de la bande.

MERLIN.

Eh non, notre ami, vous vous trompez; je ne vous connois pas.

LUCAS.

Oh bian, moi, j'vous connoissons bian, & vot'

maître itou. De plus, n'devez-vous pas épouser M'amzelle ?

CORELLA.

Comment ! ces Messieurs s'entretenoient de moi ?

LUCAS.

Je vous l'demande ; c'étions tous François ensemble ; à les entendre, y'devons enlever toutes nos filles.

CORELLA.

Oui dà, l'avis est bon. (*A part.*) Je ne l'oublierai pas. (*Haut.*) retournez-vous-en, M^e. Lucas, je saurai vous faire payer.

LUCAS.

Oh que nenni, M'amzelle, un bon tient vaut mieux qu'un tu l'auras. Il est vrai que s'il ne payons pas, il avons oublié qu'euq'chose cheux nous qui n'est pas de paille.

MERLIN.

Moi ?

LUCAS.

Vous.

MERLIN.

Eh, qu'est-ce que c'est ?

LUCAS.

Ah ! qu'est-ce que c'est ? voyons, devinez, car enfin les laquais de Paris ont, dit-on, de l'esprit.

MERLIN.

Laquais ! laquais ! Mᶜ Lucas.

LUCAS.

Comment ! ne farvez-vous pas Dorval ?

MERLIN.

Sans doute, mais....

LUCAS.

Mais farvir, c'eſt être laquais; laquais, c'eſt farvir.

MERLIN.

Ce maroufle-là, dans l'ivreſſe, a des vérités bien dures ; enfin, il faut en ſortir : voyons, que demandez-vous pour le dommage, & me rendre ce que vous avez trouvé ?

LUCAS.

Six ducats.

MERLIN.

Vous me prenez donc pour un de vos payſans, qui ont des tonnes d'or ?

LUCAS.

Qui ne le croiroit ? Vous êtes, morgué ! queuquefois doré comme une enſeigne de petit marchand, vous avez des montres, des bagues, que ſais-je, moi ? un air fanfaron ; tout ça ne devroit point aller ſans argent.

COMÉDIE.

CORELLA.

Hé ! bien, Merlin, font-ce encore-là des vérités ?

MERLIN.

Mais, oui ; il est plaisant, M. Lucas.

LUCAS, *montrant le bijou qu'il a trouvé.*

Oh ! ceci l'est encore davantage.

MERLIN.

Hé ! c'est le portrait de mon maître ; je le croyois perdu.

LUCAS.

Cheu vous, les hommes s'font donc peindre auſſi ſur le viſage comme vos belles dames, car il n'eſt pas ſi rougiot qu'ça ? Tatigué ! qu'c'eſt drôle à voir des deux yeux.

MERLIN.

Allons, finiſſons, voilà quatre ducats : c'eſt bien payé, je crois.

LUCAS.

Eh ! non, non, boutez toujours, il m'en faut ſix.

MERLIN.

Peſte de l'Arabe ! prenez donc.

LUCAS, *rendant le portrait.*

Bon ! adieu, l'ami, j'ſommes vot' valet, ou laquais, puiſque, tout en ſervant, vous ne voulez pas l'être. (*Il ſort.*)

SCENE VIII.

CORELLA, MERLIN.

CORELLA.

OH! pour le coup, Merlin, conviens que l'aventure est plaisante & bien françoise?

MERLIN.

Il est vrai que d'après cette équipée tu pourrois me croire un étourdi, mais c'est une petite débauche à la passade, & tu conçois bien....

CORELLA.

Oh! sans doute, le malheur, mon garçon, c'est que c'est toi qui en paye les pots cassés.

MERLIN.

N'en parlons plus.

CORELLA.

Non. Eh! bien, es-tu enfin parvenu à faire expliquer ton maître?

MERLIN.

Oui, mon enfant, & nous voilà en pied. Imagine-toi que je viens d'apporter une lettre à M. Vanbloom, par laquelle Dominati refuse net d'être son gendre, & veut se couper la gorge avec Dorval.

COMÉDIE.

CORELLA.
Comment! que dis-tu?

MERLIN.
Oui, Corella, il s'agit actuellement de prendre entiérement nos intérêts, tu protégeois, comme tu vois, un extravagant, un fou à toute outrance.

CORELLA.
Hé, M. Vanbloom, qu'a-t-il dit sur cette lettre?

MERLIN.
Il est parti sur le champ trouver notre homme, pour, sans doute, accepter son refus.

CORELLA, *involontairement.*
Allons, tout est manqué.

MERLIN.
Au contraire, Dorval adore en effet Rosalie, & voilà le moment de faire notre bonheur. Si tu savois combien il est généreux.

CORELLA.
Laisse-moi, je t'en prie, j'ai besoin d'être seule.

MERLIN.
Non, je veux que tu nous rendes plus de justice, que tu m'aides à faire entendre raison à mon maître; car, par excès de délicatesse, croirois-tu qu'il est décidé à partir, même à petit bruit?

CORELLA.

A petit bruit?

MERLIN.

Oui, c'est un parti pris.

CORELLA.

Bien obligé de l'avis. (*A part.*) Lucas avoit raison. (*Elle va pour sortir.*)

MERLIN, *l'arrêtant.*

Où vas-tu donc?

CORELLA.

Et tu le suis, sans doute?

MERLIN.

Non, mon enfant, rassure-toi; pourrois-je te quitter? Mais nous le retiendrons, n'est-il pas vrai?

CORELLA, *avec ironie.*

Oui, nous le retiendrons.

MERLIN.

Mais, à ce ton je ne te comprends pas; tout le monde ici se fait l'amour, & personne ne s'entend.

CORELLA.

Je songe à une chose; fais-moi un plaisir, Merlin, confie-moi le portrait de ton maître.

MERLIN.

Qu'en veux-tu faire?

CORELLA.

COMÉDIE.

CORELLA.

S'il eſt vrai que je puiſſe actuellement ſervir Dorval, ſans m'expoſer à quelque retour fâcheux de la part de Dominati, tu ſens bien que ſon portrait me ſera très-utile auprès de Roſalie.

MERLIN.

Tu as raiſon; perſuade-lui bien, ſur-tout, qu'il n'a jamais aimé plus ardemment: moi, de mon côté, je ferai tout mon poſſible pour le retenir; car enfin c'eſt une duperie... Ah! Corella, notre fortune eſt faite.

CORELLA, à part.

La bonne dupe! (*Haut.*) Doucement, j'entends quelqu'un; retirons-nous, c'eſt M. Vanbloom. Comment! Dominati eſt avec lui? ah! que ne puis-je reſter!   (*Ils ſortent.*)

SCENE IX.

VANBLOOM, DOMINATI, WARDICK, DORVAL.

DORVAL, à *Dominati*.

D'ACCORD, Monſieur, je ſais que l'amour n'égare que trop ſouvent la raiſon, mais vous avez été un peu trop vîte.

VANBLOOM.

Et si vîte que je le laisserois volontiers là.

DOMINATI.

De grace, Monsieur, ne voyez dans mon emportement qu'un excès de tendresse.

VANBLOOM.

De jalousie, & je l'abhorre. Dominati, si tu es naturellement jaloux, renonce en effet à ma fille; elle-même, je t'en préviens, redoute tellement cet affreux caractere, qu'elle craint de t'épouser.

DOMINATI.

Hé! Monsieur, c'est positivement parce que je me suis apperçu d'un très-grand changement dans le cœur de Rosalie, à mon égard, que mon imagination s'est montée.

VANBLOOM.

Aussi, je ne concevois pas ton procédé ; mais enfin, voyons donc, Dorval, puisque tu as si bien commencé, explique-nous un peu ce tableau qui l'intrigue si vivement.

DOMINATI.

Tenez, Messieurs, il est là. (*Il va le chercher, & l'apporte.*)

DORVAL.

Eh! bien, Monsieur, que voyez-vous dans cette

COMÉDIE.

allégorie de si redoutable? Quoi! lorsque je vous présente Rosalie, que vous-même la recevez sur les degrés du temple de l'Hymen, qu'en un mot, l'Amitié & la Reconnoissance offrent ici un sacrifice à la gloire de ce moment, votre imagination vous égare au point, de m'y voir comme un rival, assez présomptueux pour déposer d'avance, sur cette toile, le triomphe qu'il se flatte de remporter?

DOMINATI.

Ah! Monsieur, si jamais vous avez aimé.... Mais, pardonnez....

VANBLOOM.

Comment! que soupçonne-t-il encore?

DOMINATI.

Au contraire; c'est pour admirer avec Monsieur lui-même, l'heureux talent qu'il a, de saisir la ressemblance des personnes en leur absence, car ce personnage-là sera moi, sans doute? (*Il montre la figure encore imparfaite, qui est sur les degrés du Temple.*)

DORVAL, *tirant deux portraits de sa poche.*

Le portrait de Rosalie, & le vôtre qui étoit ici, que j'ai su me procurer secrétement, suffisent, je crois?

DOMINATI.

Dieux! que j'étois aveugle! Ah! Dorval, vous me rendez la vie. (*Il l'embrasse.*)

VANBLOOM.

Voilà donc Monsieur persuadé ? c'est bien heureux.

DOMINATI.

Oui, Monsieur, & permettez que, de ce pas, je vole aux genoux de Rosalie expier mon offense.

SCENE X.

VANBLOOM, DORVAL, WARDICK.

VANBLOOM.

Comme il est satisfait ! (*A Wardick*.) Là, conviens, entre nous, que depuis quelque tems ma fille le traite aussi un peu mal. (*A Dorval*.) Et toi, notre ami, ma foi ! tu es bien fait pour causer un peu de jalousie ; car enfin, sans parler de ma sœur, Rosalie...

WARDICK.

M. Vanbloom, c'est donc ainsi que vous jugez votre monde ? Eh ! bien, moi, je vous soutiens que la jalousie est un vice incurable chez Dominati ; il en a déja donné d'autres preuves, mais que vous ignorez.

VANBLOOM.

Je ne sais pas, tu lui en veux diablement ;

(*A part.*) Il y a quelque chose là-dessous ; prenons un parti. (*Haut.*) Dorval, profitons du moment, acheve de remettre ici les esprits. Viens, je t'en prie, tirer ma sœur de son erreur.

DORVAL.

De grace, Monsieur, dispensez-moi d'une pareille démarche.

VANBLOOM.

Eh! non, je saurai donner une tournure, même plaisante, à notre ambassade.

WARDICK.

Ce n'est pas le moment, croyez-moi.

VANBLOOM.

Il est toujours admirable avec son sang-froid. Eh! bien, viens donc au moins assister à notre racommodement ; je veux la calmer.

DORVAL.

Pour moi, Monsieur, ce seroit me faire jouer un rôle qui ne manqueroit pas de l'offenser, & le trait seroit peu galant de ma part.

VANBLOOM.

Oh! ma foi, je n'entends rien à toutes ces délicatesses ; cependant je veux prévenir ses folies.

DORVAL.

Tranquillisez-vous, Monsieur, puisque mon affaire est sur le point de finir ; votre repos, le mien même, exigent que je me retire.

VANBLOOM, *à part.*

Bon! c'est où j'en voulois venir. (*Haut.*) Dorval, tu as raison; j'en suis fâché, mais juge, toi-même, de ma position.

DORVAL.

Et vous, Monsieur, de la mienne...

SCENE IX.

ROSALIE, LES PRÉCÉDENS.

ROSALIE.

Mon pere, venez donc, je vous prie. Je ne sais quel est le projet de ma tante; elle se prépare, dit-on, à quitter votre maison.

VANBLOOM.

Ah! quelle tête, elle veut donc absolument faire un éclat ?... Eh! bien, Monsieur le philosophe, quel parti prendre actuellement ?

WARDICK.

La ramener doucement.

VANBLOOM, *le contrefaisant.*

La ramener doucement... Rosalie, viens un peu nous aider... A ça, Dorval, nous nous verrons.

SCENE XII.

DORVAL, *seul*.

QUE Rosalie n'a-t-elle pu rester ! Mais non, je me serois trahi. Ses yeux ne m'ont que trop confirmé qu'il est tems que je parte. M. Vanbloom, lui-même, commence à avoir quelques soupçons, & le zele de Wardick me feroit perdre l'honneur de l'aveu que j'allois faire ; mais ce sont, sans doute, les propos indiscrets de cette Corella, qui irritent cette tante... O Ciel ! pourquoi ai-je tant différé ? Voilà M. Vanbloom informé que j'aime sa fille ; il faut actuellement que je soutienne le contraire. Cruelle alternative ! l'honneur exige de moi que j'emporte, pour jamais, le regret de laisser croire à l'amante que j'adore, & dont je suis aimé, que mes soupirs n'étoient que des mensonges. Non, Rosalie, tu liras dans mon cœur... Mais, que dis-je ? c'est déchirer le tien. Ah ! s'il est vrai qu'elle m'aime autant que je l'adore, je causerois son désespoir ; il faut qu'elle ignore l'excès de mon amour. Il lui sera plus plus aisé d'oublier un insensible, que de se consoler de la perte d'un amant qui l'abandonneroit. Moi-même, alors, pourrois-je respecter mes devoirs ?... O Ciel ! c'est-elle ; cachons-lui mon embarras. (*Il veut se retirer.*)

SCENE XIII.
ROSALIE, DORVAL.

ROSALIE, *d'un ton timide, mais affectueux.*

Vous me fuyez, Monsieur ?

DORVAL.

Ah ! Mademoiselle, pouvez-vous le penser ? Mais, après le trouble qui regne ici, je voudrois me cacher à moi-même.

ROSALIE.

Quoi ! Dorval, lorsque la noblesse de vos procédés, toute votre conduite mériteroient, au contraire, que vous puissiez sans cesse vous fixer parmi nous ?

DORVAL, *à part.*

Que ce témoignage est donc cher à mon cœur ! (*Haut.*) Oui, Rosalie, je serois heureux en restant en ces lieux.

ROSALIE, *à part.*

C'est moi qu'il aime. (*Haut.*) Eh, qui vous en empêche ? Corella est un monstre. (*Elle prend un ton plus libre.*) Mais, dites-moi, Dorval, je viens exprès vous trouver ; est-il vrai que mon pere, après un procédé aussi injurieux que celui de Dominati, lui ait rendu toute son amitié. Vous en avez été témoin ?

COMÉDIE.

DORVAL.

Oui, Rosalie, & moi-même, je vous avoue que je l'en ai pressé.

ROSALIE.

Eh bien, Monsieur, vous avez fait mon malheur.

DORVAL.

Calmez-vous, Charmante Rosalie, calmez-vous. Aimée, comme vous l'êtes, d'un pere aussi raisonnable, il ne vous forcera jamais à l'épouser malgré vous.

ROSALIE.

Pardonnez-moi ; dans l'instant même il vient de s'en expliquer. Mais, voyez quelle nouvelle noirceur de la part de cette Corella ; elle dit hautement que, si vous n'étiez pas le rival de Dominati, vous aviez donc feint de l'être, pour faire naître de la jalousie à ma tante, afin qu'elle se hâtât davantage à vous faire un aveu que, sans doute, vous n'ignorez pas.

DORVAL.

Quoi ! c'est-là le motif du dépit de Madame Delfort ? oh ! je vais de ce pas...

ROSALIE.

Non, Dorval, le mensonge est trop grossier. Ce qui m'étonne, c'est que mon pere traite une pareille calomnie seulement de folie. Il semble même jouir de la mortification que ma tante en reçoit, & le badinage a été pouſſé au point que je n'ai pu l'entendre plus long-tems.

DORVAL.

Mais, Madame Delfort va me déteſter. Il faut...

ROSALIE.

Avec quel empreſſement vous courez l'appaiſer!

DORVAL, *après un moment de ſilence.*

Ah! Roſalie, détrompez-vous, la reconnoiſſance ſeule m'anime en ce moment. Oui, connoiſſez tout l'empire qu'un devoir ſi ſacré a ſur mon ame. Je le reſpecterai; mais, au moins, apprenez qu'un ami ſi fidele méritoit d'être amant.

ROSALIE.

Que dites-vous, Dorval, & quel déſordre!

DORVAL.

Pardonnez, charmante Roſalie, je me ſens emporté malgré moi. (*Il tombe à ſes genoux.*)

ROSALIE.

Que faites-vous, Dorval!

DORVAL.

Si cet aveu vous bleſſe, je ſaurai m'en punir.

ROSALIE.

De grace, relevez-vous.

COMÉDIE.

DORVAL.

Qu'ai-je fait, malheureux! Ah! Rosalie, rassurez-vous, je vais, dès ce moment, rentrer dans mon devoir. (*Il veut sortir.*)

ROSALIE.

Dorval, tant de noblesse seconde mon courage; je veux être sincere, vous aimez Rosalie, & Rosalie vous aime. Mais hélas! je sens trop que c'est pour mon malheur.

DORVAL.

Non, non; bientôt, je vous rendrai votre premiere tranquillité.

ROSALIE.

Eh! quoi, après l'aveu que je viens de vous faire, pouvez-vous croire qu'il reste quelque bonheur pour moi, sur-tout, lorsqu'il faut m'unir à un homme si peu fait pour mon cœur?

DORVAL.

Ah! que ne m'est-il permis de seconder Wardick, de faire connoître à M. Vanbloom qu'il se trompe dans son choix!

ROSALIE.

Comment! seroit-ce manquer à la reconnoissance, que de l'empêcher de faire mon malheur?

DORVAL.

O mon amie, voyez ma position; tout m'oblige à me taire, & me force à partir.

ROSALIE.

Oui, partez, emportez avec vous le mépris de ma foiblesse.

DORVAL.

Vous méprifer! ô Ciel! Ah! qui plus que vous mérite mon respect & ma vénération? Si dans ce jour j'honore l'amitié, ma gloire la plus grande sera de lui avoir sacrifié l'objet le plus parfait que mon cœur pût aimer. (*Il se jette à ses genoux, en lui pressant les mains. Dominati paroît ; Corella, qui l'acompagne, le retient tout-à-coup.*)

ROSALIE.

O Ciel! Dominati.

DORVAL, *se relevant.*

Dominati! m'auroit-il vu?

ROSALIE.

Je l'ignore. Dans le trouble où je suis, il faut que je l'évite. (*Elle sort par le côté opposé.*)

SCENE XIV.

DORVAL, *seul*.

Mais, en effet, Corella l'accompagne, & le force à sortir. Comment, actuellement, me justifier?... Allons, c'est à lui-même qu'il faut que je m'adresse, courons à sa rencontre... Ah! Rosalie, ma chere Rosalie, que vas-tu devenir?

Fin du second Acte.

ACTE III.

SCENE PREMIERE.
CORELLA, DOMINATI.

CORELLA.

EH! bien, Monsieur, que vous ai-je dit, connoissez-vous enfin les François?

DOMINATI.

Tu as mal fait, encore une fois, de m'empêcher de le surprendre aux genoux de l'ingrate.

CORELLA.

Oui, si nous avions eu un autre témoin. Voyez avec quelle adresse il s'est disculpé vis-à-vis de M. Vanbloom! Il n'auroit certainement pas manqué de nier encore le fait, & c'est alors que nous étions perdus sans ressource.

DOMINATI.

C'en est fait, je renonce pour jamais à cette maison. Que je suis donc heureux d'avoir eu une conviction aussi complette! je suis tranquille, Corella, tu le vois.

COMÉDIE.

CORELLA.

Oui, pour le moment : cependant si vous étiez assez sage...

DOMINATI.

Je le serai, sois-en sûre ; je ne la vois de mes jours.

CORELLA.

Vous auriez tort, Monsieur ; malgré tout le mal que Rosalie me veut, je suis persuadée, vous dis-je, qu'elle n'est entraînée que par la séduction de votre rival ; mais, heureusement, j'ai un moyen pour achever de le perdre. Croyez-vous enfin qu'il médite de partir furtivement, & peut-être dès aujourd'hui.

DOMINATI.

Comment ! que veux-tu dire ?

CORELLA.

Ce que vous devez bien soupçonner, après ce que vous venez de voir. Oui, Monsieur, je n'amuse son valet que pour tout savoir. Dans l'instant même il vient de me confier le portrait de son maître. J'ai été adroitement le mettre sous les yeux de Rosalie, & cela, pour m'assurer de ses sentimens, parce que je n'avois point une preuve aussi certaine que celle que nous venons d'avoir. Oh !

ça n'a pas manqué; elle l'a d'abord examiné avec le plus grand plaisir, & je gagerois...

DOMINATI.

Tu vois donc bien qu'elle est aussi coupable que lui; mais, revenons au départ de ce traître. Quoi! tu penses qu'il méditeroit un enlévement?

CORELLA.

N'en doutez pas.

DOMINA I.

En effet, je le crois actuellement capable de tout... Cependant, est-il possible que Ro..a.ie?...

CORELLA.

Je n'assure pas qu'elle y consente, mais Dorval est François; il suffit qu'il soit sûr du cœur de son amante, pour tout oser. Vous le savez, nous avons ici plus d'un exemple d'une pareille audace.

DOMINATI.

Non, Corella, ce soupçon me répugne; cependant Dorval m'a trompé. Je l'ai vu à ses genoux.

CORELLA.

De grace, Monsieur, possédez-vous; la journée ne se passera pas, que je n'aie pénétré ce mystere.

DOMINATI.

Mais, je songe à une chose: si tu faisois prévenir secrétement Madame Delfort de ce départ, elle
ne

COMÉDIE.

ne tarderoit certainement pas à s'en expliquer hautement.

CORELLA.

C'est justement à quoi je pensois ; cependant je ne parlerai pas encore d'enlevement dans le billet qu'elle recevra, je veux des preuves certaines, & je les aurai.

DOMINATI.

Oui, c'est le plus sage parti pour ne nous pas compromettre.

CORELLA.

Soyez tranquille ; d'abord, je vais voir si en effet elle se sépare de son frere.

DOMINATI.

Je te verrai donc ?

CORELLA.

Oui, j'irai vous trouver. Dépêchez, voici M. Vanbloom & Wardick qui sortent de chez elle.

SCENE II.

VANBLOOM, WARDICK.

VANBLOOM.

Toutes tes raisons sont merveilleuses, cependant le plus prudent est d'engager Dorval à partir dès aujourd'hui.

WARDICK.

Convenez aussi, M. Vanbloom, que le ton d'ironie que vous avez pris avec elle étoit peu fait pour l'appaiser. Corella est un esprit chimérique, & que je crois dangereux.

VANBLOOM.

Mon ami, tu sais son histoire ? elle connoît les François mieux que nous.

WARDICK.

Mais, non Dorval ; je suis très-persuadé qu'il ne pense point à Madame Delfort. Elle a besoin d'une petite leçon, laissez-lui donc donner son bal, & vous verrez qui de nous y jouera le rôle le plus plaisant.

VANBLOOM.

Que demandent ces gens-ci ? (*Des garçons Tapissiers apportent des banquettes & des lustres.*

SCENE III.

Des Garçons Tapissiers, les
PRÉCÉDENS.

VANBLOOM, *aux Garçons.*

Pourquoi donc tout cela ?

UN GARÇON.

Monsieur, ce sont des siéges pour s'asseoir, & des lustres pour éclairer.

VANBLOOM.

C'est positif, & de quelle part ?

UN GARÇON.

De ce François, arrivé de Paris, de cette espece de fou, qui va toujours parlant & chantant dans la rue.

VANBLOOM.

Justement, Durimet. Eh ! bien, moi, je vous ordonne de remporter tout ce bagage.

UN GARÇON.

Mais, Monsieur....

VANBLOOM.

Allons, allons, qu'on détale, point de réplique.

WARDICK.

M. Vanbloom, croyez-moi, un peu de complaifance.

VANBLOOM.

Quoi ! tu veux qu'on donne bal à toute la ville, chez moi ? Je pafferois pour un fou, & mes affaires...

WARDICK.

Mais on n'ignore pas que c'eft votre fœur.

VANBLOOM.

C'eft la même chofe, & toi-même devrois t'y oppofer. Au refte, je vais m'abfenter à mon tour, pour ne pas voir toutes ces folies. (*Wardick fait figne aux Garçons de fortir, & de laiffer les banquettes.*)

UN GARÇON, *en s'en allant.*

Il paroît que le bourgeois de céans n'aime pas la danfe.

WARDICK, *à Vanbloom.*

Un moment donc, écoutez-moi, tenez, juftement, voici votre fœur.

VANBLOOM.

Tant pis ; j'ai de l'humeur, je veux l'éviter.

WARDICK.

Et moi auffi, car elle eft avec M. Durimet ; un effor de verve gâteroit tout.

COMÉDIE.

SCÈNE IV.

Madame DELFORT, DURIMET, BASANE.

Mad. DELFORT.

AH! fort bien, voilà déja quelques préparatifs pour notre bal. Voyons, M. Durimet, que puis-je faire pour Monsieur?

DURIMET.

Madame, c'est un honnête Libraire, Imprimeur de Paris, que les hautes sciences, la morale & la philosophie, ont ruiné. Son dessein est de s'établir ici, & d'y remonter sa fortune.

Mad. DELFORT.

Comment! Mais vous m'étonnez : les ouvrages dont vous me parlez m'y paroissent, au contraire, plus recherchés que jamais.

BASANE.

Oui, Madame, & chacun croit les entendre ; mais à Paris, sur-tout, les livres se succedent si rapidement, qu'un ouvrage, à peine annoncé, un autre l'éclipse ; le lendemain il n'en est plus question, si ce n'est parmi un petit nombre de savans qui, malheureusement, la plupart, sont fort peu en état d'acquérir une bibliotheque.

DURIMET.

Oh! il faut dire aussi, Basane, que vous êtes un mal-adroit; vous n'avez jamais voulu imprimer par souscription. C'est alors le Public qui paye.

BASANE.

Ou, pour mieux dire, qui souvent perd. J'ai eu tort, c'est vrai : j'aurois dû plutôt m'en tenir à des Romans, des Journaux, des Almanachs, des Opéra-comiques, des Mémoires d'Avocats, bien mordans, bien satiriques; c'est la vogue aujourd'hui, chacun s'y ruine.

DURIMET.

Sans doute.

Mad. DELFORT.

Et des Tragédies, des Comédies vous n'en parlez pas ?

BASANE.

Eh! Madame, c'est ce qui m'a achevé. Séduit par l'enthousiasme, par les applaudissemens qu'elles recevoient au Théâtre, j'imprimois, & presque toute l'édition me restoit. Voyez quel caprice !

DURIMET.

Oui, voilà le Public. Cependant vous en exceptez mes ouvrages.

COMÉDIE.

BASANE.

Certainement, ils m'ont beaucoup servi. (*A part.*) J'en ai fait des couvertures.

Mad. DELFORT.

Eh ! bien, Monsieur, commencez par imprimer ce Roman que Monsieur & moi nous venons de finir ; ce début vous fera connoître.

DURIMET.

Oui, mon ami, & sur-tout la réimpression de mes œuvres.

BASANE.

Volontiers ; mais, M. Durimet, vous savez que j'ai beaucoup d'avances à faire ?

Mad. DELFORT.

Cela me regarde, venez me trouver. Il me tarde de savoir, particuliérement, ce que la France pensera d'une plume Hollandoise.

DURIMET.

Sur-tout, de jolies gravures, M. Basane, de jolies gravures ; c'est le goût du jour.

BASANE.

Laissez-moi faire, j'en mettrai par-tout. (*Il sort.*)

SCENE V.

Madame DELFORT, DURIMET.

Mad. DELFORT.

AH! ça, M. Durimet, vous êtes bien sûr que tout notre monde est averti ?

DURIMET.

Oui, Madame, & vos billets d'invitation sont autant de quatrains, qu'on peut même chanter. Mais, dites-moi, je vous prie, si nous prenions une petite leçon poétique ?

Mad. DELFORT.

Volontiers.

DURIMET.

Hé ! donc. (*Il avance une table, des siéges, & tire des papiers de sa poche.* Fort bien, asseyons-nous ; je commence : « Traité aussi utile qu'agréable, » pour apprendre en peu de tems à faire des vers » de toutes mesures. » Vous savez les principes généraux ; parlons donc des différens stiles : d'abord, il faut bien réfléchir sur la nature de son sujet, savoir s'il est triste ou gai, vif ou badin, moral ou satirique, amoureux ou familier. Par exemple, vous voulez faire présent d'une tabatiere à quel-

COMÉDIE.

qu'un, vous l'envoyez avec une petite piece de vers. Ce sujet se traite ordinairement en vers libres; voici donc un envoi que j'ai préparé tout exprès: passez-moi votre boîte, je vous prie. (*Il lit.*)

On prétend qu'une boîte, offerte à Prométhée,
    Fit le malheur du reste des humains.
Lycidas, (ici, c'est un nom supposé.)
Lycidas, ne craignez le sort d'Epiméthée
    En recevant ce présent de mes mains.
Ouvrez, vous trouverez un puissant spécifique
    (*Il prend du tabac.*)
    Contre un livre soporifique.
  De ce bijou, les coquettes, les sots
    Savent tirer grand avantage.
    Une boîte, ouverte à propos,
Souvent tient lieu d'esprit, & sauve du naufrage
  Un babillard qui court après les mots.
L'important, qui d'un rien fait un grand étalage,
      D'un air pédant,
  Prend du tabac; mais un sot persiflage
    Trahit bientôt notre ignorant.
  L'homme d'esprit, plus modeste & plus sage,
     Ne voit dans cet objet
    Qu'un meuble utile à son usage.
C'est à vous, Lycidas, à confirmer le fait.

Qu'en dites-vous, Madame?

    Mad. D ELFORT.

Comment! Monsieur, voilà des vers charmans.

DURIMET.

Vous les envoyez donc avec la tabatiere; Lycidas lit, applaudit & accepte le préfent.

Mad. DELFORT.

Je conçois.

DURIMET.

Hé donc, actuellement, efquiffons la marche d'un commerce agréable en vers. Lycidas, à fon tour, veut vous faire un cadeau. C'eft une paire de manchettes à dentelle; par exemple, ceci n'eft qu'une fiction, vous comprenez.

Mad. DELFORT.

Parfaitement.

DURIMET.

Pour donc vous engager à les accepter, il y joint un couplet que voici :

> C'eft pour vous qu'Arachné
> Fit ce charmant ouvrage;
> L'Amour l'a lui-même ordonné,
> Pour vous en faire hommage.
> Zéphyr, de fon aile légere,
> Agite & careffe ces fleurs;
> Tels vos attraits, belle Glicere,
> Font palpiter les tendres cœurs.

Mad. DELFORT.

Admirable! charmant! divin!

COMÉDIE.

Durimet.

Et ce l'amour l'a lui, Madame, ce l'amour l'a lui ? Quelle redondance muſicale ! (*Il chante.*)

L'amour l'a lui-même ordonné,
Pour vous en faire hommage, &c.

Ne ſemble-t-il pas voir des fleurs qui s'agitent, des cœurs qui palpitent ? C'eſt ce que nous appellons, nous autres, de la vraie poéſie, du ſtile figuré, métaphorique.

C'eſt ainſi que l'eſprit s'égaie en s'inſtruiſant.

Je crois, d'honneur, que c'eſt un vers. (*Il répete le vers.*) Oui, ſandis, c'eſt un vers. On peut dire encore :

C'eſt ainſi que s'inſtruit l'eſprit en s'égayant.

Admirez-vous, Madame, comme la langue poétique s'enchaîne, ſe prête, ſe décompoſe ? Oh ! c'eſt admirable !

Mad. Delfort.

Mais, oui, j'en ſuis toute émerveillée. Par exemple, M. Durimet, ſuppoſez que j'aie inſpiré de l'amour à un jeune cavalier, & que, par une timidité reſpectueuſe, il n'oſât me déclarer ſa paſſion ; dans quel ſtile peindriez-vous ſa ſituation ?

Durimet.

Oh ! c'eſt en quoi j'excellerois ; c'eſt le triomphe de l'amour. Je prendrois le ton de la tendre élégie.

Mad. Delfort.

Eh ! bien, travaillez donc, j'en ai beſoin pour mon bal.

Durimet.

Très-volontiers.

Mad. Delfort.

M. Durimet, je garde votre art poétique. A votre tour, mon cher Lycidas, acceptez cette boîte.

Durimet.

Quoi ! Madame ?...

Mad. Delfort.

Faites-moi ce plaiſir.

Durimet.

L'obéiſſance eſt un devoir. Ah ! je me ſouviens d'une boutade qui m'a pris ce matin. C'eſt un amant trahi, qui veut abjurer ſa paſſion, renoncer à l'amour. Voulez-vous m'entendre ?

Mad. Delfort.

Oui, voyons.

COMÉDIE.

DURIMET, *déclamant avec fureur*.

Amour, perfide Amour, c'est contre toi, cruel,
Que je suis révolté... Je brise ton autel.
Oui, j'abjure à jamais tes dons & ton empire;
Rends-moi ma liberté... Mais! quoi! mon cœur soupire?
Ah! je sens trop, malgré les maux que j'ai soufferts,
Que tout en murmurant je baise encore mes fers.

(*Là, Vanbloom & Wardick paroissent; Durimet, étonné, s'arrête, & reste un instant immobile dans la situation où il est surpris; puis il veut sortir, en faisant une révérence grotesque.*)

SCENE VI.

VANBLOOM, WARDICK, DURIMET, Madame DELFORT.

WARDICK.

POURQUOI donc vous retirer, M. Durimet?

VANBLOOM.

Monsieur a raison; je ne reviens même sur mes pas, que pour l'engager à cela.

DURIMET.

Toujours le même. Comment! Monsieur, je ne parviendrai pas à vous humaniser avec les belles-lettres?

VANBLOOM.

Non, Monsieur, je n'admets, & ne trouve de vraiment belles que celles de mes correspondans, de bonnes lettres-de-change ; voilà ce qu'il nous faut, & non des bals & des chansons.

DURIMET.

Un moment, s'il vous plaît, je joins l'utile à l'agréable. Voici une ode à la République, qui, j'ose dire, mérite une pension. (*Il tire un papier d'une extrême longueur.*)

WARDICK.

Combien de strophes ! bon Dieu !

DURIMET.

Trois cents soixante-cinq. J'en ai fait un calendrier. Chaque strophe marque le jour, de sorte qu'en en lisant une tous les matins, on saura la date du mois. Par là je rends l'almanach plus instructif ; en voici même encore une (*A part.*) pour les années bissextiles.

VANBLOOM.

Eh ! fi donc, Monsieur, gardez pour vous toutes ces balivernes.

WARDICK.

Pourquoi donc ? l'idée est neuve & piquante.

COMÉDIE.

DURIMET.

Bien plus, j'ai mis en vaudevilles les barometres, les thermometres, & même la mappemonde; chaque mer, chaque ville, les plus petits buissons ont leur couplet.

WARDICK.

Admirable!

DURIMET.

De fait, quoi de plus instructif & de plus agréable que de rendre compte, dans un vaudeville, de la situation, des mœurs, & des productions de chaque pays. Les enfans, alors, s'en font un jeu, & par ce moyen cultivent les sciences, tout en apprenant la musique.

VANBLOOM.

En verité, ma sœur, ne rougissez-vous pas de pareils travers?

Mad. DELFORT.

D'accord, je vois ici un peu de futilité; mais c'est l'écart d'une imagination trop vive, que Monsieur sait réprimer lorsqu'il le veut; car sachez qu'il traite également des objets très-graves.

DURIMET.

Comment donc, Monsieur, assurément. Tous les porte-feuilles de nos Ministres sont remplis de mes vues politiques, de plans économiques de ma façon ; &, si jamais on se décide à réformer tous les abus que je dénonce, c'est à mon zele patriotique qu'on en aura l'obligation.

VANBLOOM.

Vous le dites, au moins.

DURIMET.

Et le prouve par la raison qu'on ne daignera pas seulement me nommer. C'est l'usage ; mais il faut savoir se sacrifier pour le bonheur de sa patrie.

VANBLOOM.

Et pourquoi donc n'y restez-vous pas ?

DURIMET.

Pour dire plus hardiment des vérités ; faire jaillir du sein de la liberté les flots de lumiere, dont je prétends éclairer l'univers.

VANBLOOM.

En ce cas, Monsieur, je vous regarde comme expatrié ; néanmoins, soyez prudent : vos vérités pourroient être des songes creux ou des calomnies, & tôt ou tard vous en seriez puni, tout en vous croyant en sûreté.

DURIMET.

Je le sais ; aussi je ne prendrai ce parti qu'à la rigueur. Que la République me fasse un sort agréable,

COMÉDIE.

ble, & je m'en tiens, si on veut, à des Opéra comiques.

VANBLOOM.

Mais, encore une fois, vous êtes fort mal ici pour semblables bagatelles.

DURIMET.

Oh! que non, Monsieur; mes correspondans en France feront comme si j'y étois. C'est ma branche de commerce, à moi.

VANBLOOM.

Allons, finissons, je vous prie; je vous le cede du côté de l'esprit.

DURIMET.

Pourquoi donc, Monsieur? votre maison en pétille, & le projet de Madame, d'y former un Lycée, achevera de l'illustrer.

Mad. DELFORT.

M. Durimet, ceci doit rester entre nous; venez donc avec moi. (*Wardick arrête Madame Delfort. Durimet, qui la précede, en lui offrant la main, est un peu repoussé; il ne rentre pas.*

SCENE VII.

VANBLOOM, WARDICK, Mad. DELFORT.

WARDICK.

DE grace, Madame, un mot, je vous prie; ah! que si c'étoit Dorval...

Mad. DELFORT.

Monsieur, vous m'aviez promis de ne m'en plus parler.

WARDICK.

C'est vrai, Madame; mais croyez-vous qu'il soit en mon pouvoir de détruire entiérement des sentimens, que vous avez gravés depuis si long-tems dans mon cœur? Je veux bien avoir le courage de céder la victoire à mon rival; mais, au moins, laissez-moi la consolation de vous en marquer mes regrets.

Mad. DELFORT.

Comment donc, Wardick, vous m'étonnez! voilà en effet le langage d'un amant; jamais je ne vous ai vu si tendre.

WARDICK.

Ah! perfide, je conviens que jusqu'à présent je

jouissois peut-être trop paisiblement de l'espoir de vous posséder ; mais aujourd'hui que vous voulez me ravir ce bonheur, j'en sens plus vivement le prix, & j'ose vous assurer que vous vous abusez dans vos nouveaux projets.

Mad. DELFORT.

Eh ! bien, Monsieur, soyez vraiment philosophe. Vous me touchez, je l'avoue ; mais on commande difficilement à son cœur. C'est un caprice, peut-être ; n'importe, il rit à mon imagination, il m'occupe, je veux me satisfaire.

VANBLOOM.

Hé ! quel rôle me faites-vous donc jouer ici, je vous prie ? Je n'entends rien à toutes ces fadeurs. (*A Wardick.*) Eh ! bien, notre esprit fort, te voilà donc jaloux à ton tour ? Ma sœur, le fait est que Dorval ne songe nullement à vous. Ce n'est point un caprice, c'est une folie, encore une fois, & dont tout le monde se rira à vos dépens.

Mad. DELFORT.

Quoi ! toujours de l'humeur ? Mais je ne veux plus me fâcher ; trouvez-vous à mon bal, je vous y invite, & vous verrez si c'est une folie. Adieu, beau masque, adieu.

SCENE VIII.
VANBLOOM, WARDICK.

VANBLOOM.

Mais vois donc quel mélange d'exttavagance & de raifon ! toi-même, tu m'étonnes avec ton air paffionné.

WARDICK.

C'eft ainfi que je veux la préparer à me rendre fon cœur.

VANBLOOM.

De maniere que Monfieur danfera auffi au bal ?

WARDICK.

Et fans me faire prier, vous verrez quelle fera fa furprife.

VANBLOOM.

En ce cas, il faut donc que Dorval t'ait fait des confidences que j'ignore ?

WARDICK.

Oui, Monfieur, puifqu'il faut vous l'avouer. Epris malgré lui des charmes de votre fille, il a fu jufqu'alors renfermer dans fon fein l'excès de fon amour. Le tableau en queftion n'eft que l'expreffion de fes fentimens, pour confirmer davantage qu'il facrifie fa paffion à la reconnoiffance & à l'amitié; en un mot, la crainte de trahir un fecret qu'il a eu la force de cacher à Rofalie elle-même, & dont l'aveu inutile pouvoit vous caufer quelques peines, le déterminoit à partir dès aujourd'hui.

VANBLOOM.

Je m'en doutois, M. Wardick; je me rappelle même qu'il a été fur le point de s'en expliquer: vous auriez dû plutôt m'en prévenir. Vous voyez donc que Dominati n'avoit point tort. Ma fille elle-même, quoi que vous difiez, n'ignore point l'amour de Dorval. Ceci eft un trait de lumiere; coupons le mal dans fa racine. Je vais au-devant de ce jeune homme, & je l'engage à fuivre fon généreux deffein; il faut qu'il parte.

WARDICK.

De grace, Monfieur, écoutez-moi.

VANBLOOM.

Non, je ne reconnois point ici votre prudence. Je ne confulte plus que moi-même.

(*Il fort.*)

SCENE IX.

WARDICK, *seul.*

OH! pour le coup, je ne m'attendois pas à trouver tant de réſiſtance de la part de M. Vanbloom. Je vois bien qu'il eſt inutile de rien eſpérer. Pauvre Roſalie, que je vous plains!

SCENE X.

DORVAL, WARDICK.

DORVAL.

MONSIEUR Wardick, je vous cherchois; vous voyez l'homme du monde le plus déſolé, recevez mes adieux; juſtifiez-moi, & conſolez ſur-tout l'adorable Roſalie.

WARDICK.

Eh! qui peut donc vous cauſer ce nouveau trouble?

DORVAL.

Je me ſuis rendu coupable malgré moi.

WARDICK.

Que voulez-vous dire?

COMÉDIE.

DORVAL.

Qu'entraîné par une circonstance imprévue, je n'ai pu me défendre de faire l'aveu de ma tendresse à Rosalie ; qu'elle même m'a découvert le secret de son cœur, & qu'au moment que je la suppliois à genoux de me pardonner mon départ, Dominati m'a surpris dans cette situation.

WARDICK.

Eh! bien, vous vous êtes expliqué sans doute?

DORVAL.

Non, il a fui à l'instant, & je n'ai pu le joindre. Vous jugez combien il est essentiel actuellement d'instruire M. Vanbloom de ma conduite, & surtout de ménager sa fille.

WARDICK.

Oui, mon ami, je sens toute la délicatesse de votre position; venez, M. Vanbloom est déja prévenu.

DORVAL.

Et par Dominati?

WARDICK.

Non, par moi-même ; venez.

DORVAL.

De grace, épargnez-moi une justification dont

votre amitié s'acquittera, certainement, mieux que moi.

WARDICK.

Eh ! non, Dorval, cette démarche ne peut que vous faire honneur, & le flatter... Mais, qu'entends-je ?

DORVAL.

C'est Madame Delfort ; évitons-la, s'il est possible.

SCENE XI.

Madame DELFORT, LES PRÉCÉDENS.

Mad. DELFORT.

Monsieur Dorval, un mot, je vous prie ?

WARDICK, *le retenant, à demi-voix.*

Profitez du moment ; plus de mystere.

(Il se retire)

SCENE XII.

Madame DELFORT, DORVAL.

Mad. DELFORT.

Comment! Dorval, que signifie donc l'éloignement dans lequel vous vous tenez à mon égard? Je n'entends autour de moi que des rapports extravagans. Ne puis-je pas être instruit par vous-même de la vérité?

DORVAL.

Madame, dispensez-moi, je vous prie, d'un récit dont M. Wardick voudra bien se charger.

Mad. DELFORT.

Non, Dorval, c'est de vous que je veux le tenir. Mais, d'abord, dites-moi : connoissez-vous ce billet anonyme?

DORVAL.

Non, Madame; mais c'est une vérité, mon honneur, mon repos, tout me force à partir.

Mad. DELFORT.

Eh! non, mon cher; pourquoi vous offenser des propos d'une indiscrete? je n'en crois pas un mot.

DORVAL.

C'est justement pour mériter davantage votre estime, que je m'éloigne.

Mad. DELFORT.

Fort bien ; vous nous quittez par trop d'attachement ; il est admirable !

DORVAL.

Oui, Madame ; &, puisque je me vois forcé à vous faire un aveu....

Mad. DELFORT.

Parlez, Dorval, ne craignez pas de m'offenser.

DORVAL.

C'est cependant, Madame, tout ce qui cause ici mon embarras.

Mad. DELFORT.

Eh ! non, vous dis-je. (*A part.*) Quelle timidité pour un François, & sur-tout un jeune officier ! (*Haut.*) Dorval, il est tems que je vous mette à votre aise ; sachez donc que je me suis expliqué avec Wardick ; que veuve & libre de mes actions, mon frere lui-même ne peut s'opposer au projet secret que, sans doute, vous avez formé de demander ma main.... Eh ! bien, Monsieur, que craignez-vous encore ?

COMÉDIE.

DORVAL.

Ah! Madame, je reste confus; & que puis-je vous dire?

Mad. DELFORT.

Il est délicieux! Qu'ai-je moi-même à vous dire de plus?

DORVAL.

De grace, permettez.

Mad. DELFORT.

Mais, il est fou!... Wardick, encore une fois, vous cede tous ses droits.

DORVAL.

Ah! pardonnez, si, maîtrisé malgré moi par l'amour le plus tendre, je suis forcé de vous ouvrir mon cœur.

Mad. DELFORT.

Qu'il est enfant! allons, consolez-vous, & voilà ma main... Quoi! vous la refusez?

DORVAL, *prenant sa main.*

Non, Madame, mais c'est pour l'arroser de mes larmes; sachez que Rosalie.... (*Il se jette à ses genoux.*)

Mad. DELFORT.

Quoi! Monsieur, vous l'aimiez?

DORVAL.

Je n'ai pu m'en défendre, mais je vais me punir en partant dès ce jour.

SCENE XIII & derniere.

VANBLOOM, WARDICK, ROSALIE, DOMINATI, Madame DELFORT, DORVAL, *encore aux genoux de Madame Delfort.*

ROSALIE.

O Ciel ! que vois-je !

VANBLOOM, *à Wardick.*

Eh ! bien, que penses-tu à ton tour de ce nouveau tableau ? ma foi ! mon ami, tu ne pouvois nous amener plus à propos, pour l'admirer avec toi. (*A Dorval*) Grand merci, M. l'officier, serez-vous mon gendre ou mon beau-frere, lequel des deux ?

DORVAL.

Ni l'un, ni l'autre, Monsieur, & Madame daignera sans doute me justifier.

Mad. DELFORT.

Non, en vérité, Monsieur ; vous voulez partir, je ne vous en empêche pas.

COMÉDIE.

WARDICK.

Eh ! bien, c'est donc moi qui vais prendre sa défense ; rappellez-vous, Messieurs, tout ce que je viens de vous dire. Oui, je suis persuadé que Dorval, ainsi qu'aux genoux de Rosalie, s'excusoit ici de son départ.

VANBLOOM.

Ma foi ! cela vous plaît à dire ; comment l'amour s'exprime-t-il donc, si ce n'est de cette maniere ? Au reste, Dorval, moi je reçois tes adieux, sans exiger une expression aussi tendre, & voilà nos affaires réglées, je pense ?

DORVAL.

Oui, Monsieur, & soyez persuadé que j'étois incapable de vous tromper. (*Il veut se retirer.*)

DOMINATI.

Dorval, demeurez ; c'est moi seul qui vous ai offensé. (*A Vanbloom.*) Monsieur, j'avoue mes torts. Permettez donc que je triomphe de mon amour, puisqu'en perdant le cœur de votre fille, mon rival s'efforçoit de me le rendre. Les larmes qu'elle verse en ce moment, me prouvent qu'en vous obéissant, je ferois son malheur.

VANBLOOM.

Quoi ! Rosalie l'aimoit donc aussi en secret ?

ROSALIE.

O mon pere ! (*Elle se jette à ses pieds.*)

VANBLOOM.

Relevez-vous, ma fille !... Je n'ai plus qu'à gémir.

Mad. DELFORT.

Non, mon frere, reprenez votre courage ; moi seule, en ce moment, aurois peut-être à rougir. Je me suis trompée ; eh bien, je reviens à moi-même, & renonce à jamais aux prestiges qui me séduisoient. Tout mon regret est d'avoir, sans doute, perdu l'estime de Monsieur.

WARDICK.

O mon amie, je vous retrouve enfin ; je n'attendois ce moment que pour que vous me rendiez, au contraire, des sentimens que je m'efforcerai de mériter de plus en plus.

Mad. DELFORT.

Qu'ai-je entendu ! Wardick, ce procédé vous garantit de toute ma raison. Allons, mon frere, partagez mon bonheur, Dominati lui-même vous en conjure.

DOMINATI.

Oui, Monsieur ; d'un rival vertueux faites-en mon ami.

DORVAL.

Généreux étranger, ce mot de votre bouche s'oppose à mon bonheur. Ah ! laissez-moi du moins jouir de ma vertu ; je quitte en gémissant ma nouvelle patrie. (*Il va pour sortir.*)

VANBLOOM, *l'arrêtant.*

Non, Dorval, tu ne la quitteras pas. Tant de délicatesse, leur générosité, & le bonheur de ma fille me déterminent en ta faveur, je t'accorde sa main.

DORVAL.

Ah ! Monsieur !

ROSALIE.

Ah ! mon pere !

VANBLOOM.

Oui, mes amis, soyez heureux ; mais, pour que je le sois moi-même, j'exige que Dorval se fixe parmi nous, en offrant ses services à notre République.

DORVAL.

Ah ! Monsieur, pourrois-je vous quitter ? Que, toujours alliée avec ma nation, la Hollande m'offre toute autre occasion de me signaler ; je saurai m'honorer aux yeux de mes anciens concitoyens, & mériter leur souvenir.

VANBLOOM.

Fort bien, mon ami, fort bien ; mais pour mieux conserver la paix parmi nous, Dominati permettra que j'éloigne de ma maison Corella sa protégée.

Je reconnois actuellement que tout ce qu'on m'avoit dit de son caractere n'est que trop vrai.

DOMINATI.

Vous avez raison, Monsieur, je m'abusois avec elle. Aussi, je ne renonce à l'hymen que pour jouir désormais des douceurs de la confiance & de l'amitié.

WARDICK.

En ce cas, M. Vanbloom, pour en resserrer les nœuds, & terminer gaiement cette heureuse journée, souffrez que moi-même je me mette à la tête du bal que Madame préparoit.

VANBLOOM.

Très-volontiers ; & souvenons-nous qu'il ne faut juger les nations & les hommes qu'après les avoir bien connus.

(*Suit une Fête Hollandoise.*)

FIN.

L'INTENDANT

COMME IL Y EN A PEU,

COMÉDIE

EN TROIS ACTES.

Qu'un ami véritable est une douce chose !
LA FONTAINE.

A PARIS.

LETTRE.

J'AVOUE, Monsieur, qu'une centaine de représentations suivies comme celles de *la Folle Journée*, est un succès bien fait pour encourager; mais c'est un de ces miracles qui ne se renouvelle pas tous les jours, & en vérité, il faudroit être bien présomptueux pour oser l'espérer. Pour moi, loin de prétendre à un si beau laurier, je me contenterois volontiers d'une simple violette. Cependant, je ne ferai aucune tentative auprès de MM. les Comédiens. Si cette piece, ainsi que quelques-unes de celles que je me propose de mettre successivement au jour, méritent l'attention du public & la leur, ce jugement favorable me rassurera du moins sur le danger de s'exposer au Théatre avec trop de confiance. D'ailleurs, Monsieur, je vous l'ai déja dit; dans la chaleur de l'enthousiasme qui domine aujourd'hui de toute part, comment oser se mettre sur les rangs? C'est l'affaire de plus de cinq ans pour remettre les têtes; car enfin, malgré le succès que l'*Inconstant* & l'*Ecole des Peres* viennent d'obtenir à si juste titre, il y a une si grande différence de leur triomphe à celui de Figaro sur-tout, qu'il faut convenir que M. de B.... plus fin politique, a réellement trouvé le secret d'attirer la multitude, ou, disons plutôt, (qu'il me permette cette échappée) que semblable à Gille, cousin & gendre de Bertrand, singe du Pape en son vivant, il sait mieux que qui que ce soit, danser, baller, faire des tours de toutes fortes (1). Mais allez vous répliquer, est-ce là du génie? Génie, ou non, Monsieur, celui-là en vaut bien un autre, du moins quant à l'intérêt. Ce qu'il y a de sûr, c'est qu'en bon calculateur, il s'en donne à cœur joie, & qu'après tout, nous seuls devons nous accuser de la dépravation du goût dont nous nous plaignons. Pourquoi faisons-nous un accueil si favorable à tout ce qui peut le corrompre? Pourquoi élevons-nous aux nues des fanfaronades, des folies, du persiflage, des sarcasmes, des drames même bien outrés, quand les meilleures Pieces obtiennent à peine quinze ou vingt représentations? Pourquoi, en un mot, par une suite de cet égarement dans tous les genres, nous arrachons-nous des écrits pleins de malice & de fiel, lorsque la droiture & la raison, effrayées d'un pareil scandale, attendent en silence que la douceur & l'urbanité reprennent enfin leur empire. C'est moins par méchanceté sans doute, que par une dangereuse curiosité, puisque la plus saine partie des honnêtes gens, après avoir lu ces coupables diatribes, les rejettent avec dédain; mais enfin ce succès éphémere favorise toujours la cupidité, & malheureusement le bénéfice est si clair, que la réputation & le repos des familles deviennent, pour ainsi dire, aujourd'hui, un objet de spéculation pour certains écrivains qui préferent l'argent à l'estime publique. Ce que je dis, est moins étranger qu'on ne pense, à celui qui médite sur l'art dramatique. Voilà de ces abus contre lesquels M. de B.... lui même pourroit, à juste titre, élever la voix;

_____

(1) Voyez la Fable du Singe & du Léopard de la Fontaine.

LETTRE.

voilà ces dangereux turbateurs, que Thalie, d'accord avec Thémis, a droit de livrer à la dérifion publique, non qu'il faille, ainfi qu'Ariftophane, lever entiérement le mafque, il fuffit que les coupables puiffent fe reconnoître, mais ce n'eft pas feulement par une tirade bien mordante qu'il faut les humilier; c'eft par un tableau frappant des maux qu'ils caufent dans la fociété; c'eft par une action & des fcenes amenées, telles que Moliere nous en a donné des modeles, que nous parviendrons peut-être à réprimer une licence auffi criminelle, à réveiller enfin l'attention du public fur le danger de fouffrir plus long-temps une pareille audace. Mais revenons à notre objet.

J'ai tort, dites-vous, Monfieur, de ne point faire quelques démarches pour obtenir les honneurs de la Scene; l'amitié, vous le favez, eft indulgente, mais le Public eft un juge plus févere. Ses confeils, tout en vous éclairant, coûtent fouvent un peu trop à l'amour-propre. Ce qui, d'un autre côté, doit m'arrêter, c'eft qu'on a tellement accoutumé les fpectateurs à admirer au Théatre des bizarreries de toutes efpeces, des détails, des fentences, des portraits, qu'une Piece court gros rifque d'être rejetée, fi elle n'en étincelle. C'eft cependant cet abus de l'efprit qui tue l'action, cette formule faftidieufe qui eft caufe que tous les jeunes Littérateurs s'attachent particuliérement à cette partie; il n'y a plus qu'un moule, & ce moule, dit-on, c'eft le goût du Public. Non, Monfieur, vain prétexte; le Public n'eft pas cette multitude de curieux qui, prévenus & peu inftruits, courent en foule prononcer témérairement sur les chefs-d'œuvres de nos grands maîtres, & le talent vrai ou factice des acteurs. Celui que je redoute, & dont les arrêts sont vraiment à craindre, ne se laisse point ainsi éblouir; il est le premier à gémir sur les abus qui regnent plus que jamais dans l'Empire de Thalie. Mais malheureusement, indépendamment de cette subversion, l'Auteur plus sage, qui voudroit s'y soustraire, se trouve souvent forcé pour déterminer certains Acteurs à accepter sa Piece, de faire des retranchemens essentiels à l'action, de substituer à un plan sagement ordonné des scenes préparées, pour faire ce qu'ils appellent sensation : de là, plus de conduite, plus d'intérêt qu'en narrations. Aussi nos amateurs du jour attendent-ils avec impatience l'acteur qui doit débiter une belle tirade; la tâche remplie, chacun trépigne, les bravo retentissent de toutes parts, & le héros, tout fier d'un triomphe passager, s'inquiete peu des sacrifices qu'il a exigés aux dépens de la gloire de l'Ecrivain, qui n'a plus fait qu'une foible caricature.

Si donc par un mélange de gaieté & d'extravagances, on obtient les plus brillans succès, l'homme assez heureusement doué de la nature pour se plier à son gré, & donner une impulsion générale à tous les individus qui l'environnent, assurément n'est point un sot. En effet, malgré ce que j'ai dit dans le Café Littéraire (1), M. de B.... capable de faire une ex-

---

(1) Cette Piece a paru sous le nom de Mademoiselle C. D. Ce qui a donné lieu à la Lettre qu'on trouvera à la fin de la Comédie de l'Intendant.

cellente Piece, a jugé, que de se présenter tout bonnement avec cette noble simplicité de nos bons Auteurs, ce seroit s'exposer à une comparaison trop périlleuse; il a préféré de surprendre, d'éblouir pour le moment par l'attrait de la nouveauté, & comme il est l'enfant gâté des Muses & de la Fortune, tout lui a réussi. Oui, Monsieur, je le répete, quoique M. de B.... soit un des Auteurs qui se sont le plus écartés des vrais principes, cela n'empêche pas que je ne reconnoisse dans ces Ouvrages un de nos Ecrivains faits pour enrichir la Scene Françoise. Il manque du style, direz-vous, qui convient au Théatre. Eh! Monsieur, ne nous y trompons pas, il l'auroit, si, par une suite du systême qu'il s'est fait, il n'eût encore voulu se distinguer par cette double singularité. M. de B.... sait aussi bien que nous que la perfection, que les vraies beautés se font admirer; mais elles frappent moins la multitude que le délire d'une imagination folle & pittoresque. En effet, si l'homme de goût reconnoît d'abord dans ces superbes jardins tracés par *le Nôtre*, l'essor du génie, si lui seul ne cesse de les admirer, le plus grand nombre, au contraire, préfere ces bizarres labyrinthes, dont le désordre & la bigarure le jettent de surprise en surprise; il s'y plaît davantage, & perd bientôt le souvenir des beautés réelles de la nature. Tel est, Monsieur, le pouvoir des prestiges du moment, lorsque, pour ainsi dire, rassasié de tout, l'homme a perdu cette simplicité de mœurs, ce tact pur, cette douce sensibilité, qui ne lui font trouver de vrais plaisirs que dans tout ce qui s'émane du goût & de la raison.

Cependant, direz-vous encore, dans quel siecle

la philosophie a-t-elle fait plus de progrès ? dans quel siecle le sentiment du beau, du vrai, s'est-il manifesté davantage ? D'accord, Monsieur, je sais, malgré notre frivolité, que nous raisonnons souvent très-sensément; mais apparemment que par un penchant invincible, par une inconstance naturelle, nous ne pouvons échapper aux illusions trop séduisantes de certaines folies. Aussi cette mobilité est-elle cause que nous passons rapidement d'une extrémité à l'autre : nous critiquons aujourd'hui avec sévérité quelques fautes échappées à de bons Auteurs, & demain nous courons en foule admirer au Théatre mille extravagances.

Si encore, sans le secours des Acteurs, un Auteur dramatique pouvoit se flatter d'être lu, il s'exerceroit au moins avec plus d'ardeur dans un art, que le tems, l'expérience & les conseils peuvent seuls perfectionner. Mais non, la *Métromanie* elle-même non représentée, seroit à peine connue. Ah ! qu'il en est bien autrement d'un petit écrit fugitif bien mordant, bien satyrique ; chacun se l'arrache, il court partout, & la plus excellente Comédie, dénuée de la représentation, reste dans un parfait oubli. Cette indifférence est donc cause que de très-bonnes Pieces demeurent dans le porte-feuille, & que souvent les Auteurs se découragent, parce que, d'un autre côté, il y a trop de difficultés à vaincre & de tems à perdre pour se faire jouer.

Malgré tout, Monsieur, je crois que ce seroit un parti sage, que celui de faire imprimer une Piece avant que de la présenter à la Comédie, lorsque sur-

LETTRE.

tout un petit nombre de connoisseurs en auroit pensé favorablement. Par ce moyen, les Comédiens, éclairés par de bons juges, perdroient bien moins de tems ; la faveur ou l'intrigue auroit moins de pouvoir, & l'Auteur moins de désagrémens. Il est vrai que ce seroit s'exposer à perdre un peu de l'avantage de la surprise, & sur-tout à se faire réimprimer ; mais enfin les corrections une fois faites, la Piece demandée & jouée avec succès, vous conviendrez que cet honneur seroit bien préférable au hasard de se voir humilié par le Public assemblé, lorsqu'on espéroit, au contraire, mériter son suffrage.

J'avoue que pour ranimer à cet égard la confiance de la Nation, il faudroit que désormais ces sortes de Pieces ne fussent plus de ces fadeurs amoureuses, de ces intrigues parasites, que la plupart des Auteurs croyent faire adopter à la faveur de quelques détails calqués presque tous sur ceux *du Méchant*, qui malheureusement a peint dans chaque vers la plus grande partie des travers actuels de la société. En effet, la Piece de Gresset est en quelque sorte un tableau de chevalet que nos Auteurs modernes se prêtent tour-à-tour ; mais on revient toujours à l'original, & les copies restent-là.

Qu'on ne pense pas, lorsque j'ose m'exprimer de la sorte, que je prenne à tâche de faire une critique pour le malin plaisir de la faire. C'est parce que je vois que des Auteurs très-estimables s'obstinent à n'encadrer que des fadeurs, quand je sais, moi, qu'ils ont tout l'esprit, les connoissances & le talent nécessaires pour faire de bonnes Comédies, quand je sais, en un mot, qu'ils enrichiroient notre Théatre, s'ils étoient moins pressés de jouir d'une gloire passagere.

Quelle est encore cette étrange manie de n'offrir sur la Scene que des tableaux effrayans de l'oppression ou de la méchanceté ? Les Grands, sur-tout, n'y sont offerts la plupart du tems que comme des monstres ou des scélérats. Dans la *Folle Journée*, par exemple, c'est un Comte d'Almaviva infidele & suborneur, livré à la dérision du Public & de ses valets; c'est une Comtesse qui, au milieu des scenes les plus scandaleuses, est à chaque instant sur le point de se manquer à elle-même; c'est un Juge imbécille, dont l'ineptie produit sans cesse des traits injurieux, moins contre les abus & la rapacité des suppôts de Thémis, que contre la magistrature elle-même; en un mot, il n'y a pas un seul honnête homme dans cette Piece. Dans *Tarare* encore, c'est un Sultan jaloux, ingrat & sanguinaire; un Pontife, monstre dévoré d'ambition, & plus cruel cent fois que les Dieux barbares qu'il invoque. Non, je ne vois dans ces sortes de Pieces que des caracteres propres à affoiblir le respect & la confiance que l'homme doit avoir pour ceux qui le gouvernent.

Pourquoi donc ne pas craindre de détruire cette obéissance si nécessaire au maintien & à l'ordre de la société ? Quoi ! il n'est pas possible d'amuser, d'éclairer même le peuple sans flatter ses vices, sans éveiller dans son ame ce penchant naturel à secouer un joug qui lui pese toujours trop, sans enfin l'accoutumer à ne voir dans la puissance qui lui commande, que l'oppression, le mépris & l'injustice ? Ah ! qu'alors il auroit donc raison de dire :

A quels maîtres, grands Dieux ! livrez-vous l'univers !

Heureusement que les Souverains qui occupent aujourd'hui les différens trônes sur la terre, se font chérir par leur droiture & leur humanité ; mais il n'est pas moins vrai, qu'il est toujours très-dangereux de n'offrir aux yeux de la multitude que des tyrans, des imbécilles dupés, des valets insolens & fripons, & sur-tout des maîtres plus méprisables encore. Ces sortes de Pieces, telles beautés d'ailleurs qu'elles renferment, ne peuvent être utiles qu'autant que la vertu, le courage & la raison, en opposition au crime & à l'intrigue, éclairent l'homme sur ses devoirs. C'est en quoi nos bons Auteurs ont parfaitement réussi. Mais aujourd'hui quels reproches n'auroit-on pas à faire à cet égard ? Nombre de Pieces que je vois applaudir, pechent essentiellement par ce but moral. On croit avoir fait triompher l'honneur & la vertu, réparé tout le mal par quelques grands mots & un coup de poignard.

Ce que j'observe ici, ne prouve cependant pas que le dessein de M. de B.... ait été positivement de tout sacrifier pour entraîner & surprendre les esprits par de grands effets (1) ; cette imputation

_____

(1) Les motifs que M. de B.... donne de ses Pieces, sont présentés avec tout l'esprit & l'art dont il est capable. On voit un homme qui pense souvent juste & même profondément ;

feroit une injure, & je ferois le premier à me la reprocher ; mais je vois les têtes tellement exaltées, l'art dramatique fi loin du but, que je ne peux m'empêcher de m'élever contre les abus de l'efprit. C'est donc parce que M. de B.... fe livre particuliérement avec trop de complaifance à ces dangereux attraits, parce que cette méprife eft caufe des erreurs de fa plume, que je le cite de nouveau. En effet, le fuccès de fes Pieces eft fi extraordinaire, malgré leurs imperfections, qu'il peut devenir un exemple auffi nuifible aux talens des Auteurs, que dangereux au goût des fpectateurs pour le vrai genre. Moi-même, je l'avoue, j'avois eu la fottife de vouloir fuivre le torrent ; mais éclairé par l'expérience, je viens de jeter au feu deux Drames bien noirs & trois Tragédies, où les Rois étoient autant de tyrans, les Prêtres des fourbes & des hypocrites, les Princeffes, d'effrontées adulteres, & les Miniftres, fur-tout, de lâches adulateurs, qui trompoient leurs maîtres & écrafoient les peuples. J'en voulois faire autant de deux Comédies, où la magiftrature eft leftement traitée, fuivant l'ufage ; mais comme elles font vraiment plaifantes, & que c'eft un mérite que celui-là, je me

---

fes idées peuvent être utiles, mais fon imagination trop vive l'emporte, & l'exécution ne répond plus aux vues qu'il s'étoit propofées. Qu'il y réfléchiffe bien, & il verra que la moralité qu'il s'efforce de faire trouver dans fes Pieces, eft abfolument nulle.

Pour de l'efprit, de la gaieté, des fituations, c'eft autre chofe ; mais fi le plaifir eft l'objet effentiel que chacun cherche au Théatre, il n'eft point indifférent qu'il foit offert aux dépens des mœurs & de la faine raifon.

LETTRE.

propose de les déposer dans quelques greffes, pour en faire rire ces *Messieurs*, mais à huis clos Que chacun donc en fasse autant, alors les Corneille, les Racine, les Moliere, tous nos grands maîtres pourront peut-être enfin trouver dans leurs émules d'honorables rivaux, & le Public de nouveaux chefs-d'œuvres à couronner.

NOMS DES ACTEURS.

DE MONVAL.
MADAME DE MONVAL.
MERVILLE, Ami & Intendant de la Maison.
MADAME DE ROSAN, sœur de Monval.
CLARICE.
MERVILLE, fils.
DORSAIN.
LE MARQUIS DE BASENCOUR.
MARTON.
ARMAND, Domestique de Merville.
JASMIN, Valet-de-Chambre de Mme. de Monval.
PLUSIEURS CRÉANCIERS.

La Scene est dans la Maison de M. de Monval.

LES FOLIES
DU LUXE RÉPRIMÉES,
OU
LE VÉRITABLE AMI,
INTENDANT COMME IL Y EN A PEU,
COMÉDIE.

ACTE PREMIER.

Le Théatre repréfente un Sallon.

SCENE PREMIERE.

MERVILLE. *Il eſt aſſis devant une table chargée de papiers. On entend le bruit de pluſieurs Ouvriers.*

A qui donc en ont-ils pour frapper de la ſorte? Armand? Armand?

JASMIN *accourt.*
Il n'y eſt pas, Monſieur, que voulez-vous?

MERVILLE.

Eh! pourquoi donc ce baccanal?

JASMIN.

Quoi! Monsieur, vous ignorez donc qu'on donne bal ici ce soir, & que j'ai là vingt ouvriers qui travaillent en conséquence?

MERVILLE.

Je n'en sais pas le mot.

JASMIN.

Oh bien, attendez-vous à la fête la plus brillante; rien n'est épargné.

MERVILLE.

C'est tout simple, on prend sans compter.

JASMIN.

Quel coup à faire aujourd'hui, Monsieur, si vous étiez là ce qui s'appelle un véritable Intendant! trente pour cent sur les mémoires, sans que cela paroisse.

MERVILLE, *en souriant*.

Je le crois, mais je n'en ferai rien.

JASMIN.

Oh, j'en suis persuadé, vous les rabattrez plutôt; mais qu'est-ce que cela fait, à vous les débats, à nous la bonne chere & la danse.

MERVILLE.

C'est ton Marquis, sans doute, qui est le coryphée de la fête.

JASMIN.

JASMIN.

Comme de raison, Monsieur, & vous conviendrez qu'il s'y entend à merveille.

MERVILLE.

Oui, c'est l'homme du monde qui sait le mieux ruiner une maison gaiement.

JASMIN.

Au moins donne-t-il un air d'aisance, un ton de grandeur qu'on n'avoit point ici avant lui. Vive les gens de Cour, pour faire ressortir noblement les avantages de la fortune!

MERVILLE.

Et se moquer tout les premiers, des folies qu'ils nous font faire.

JASMIN.

A propos, Monsieur, je parlois de mémoires : avez-vous eu la complaisance de jetter un coup-d'œil sur la note de ceux que je vous ai donnés ? car dans tout cela j'ai fait des avances.

MERVILLE, *d'un ton badin.*

Ma foi, mon ami, en qualité de Valet-de-chambre, Caissier de Madame, tu cours gros risque d'attendre avec les autres. N'est-ce pas cela ? *Il cherche un papier.*

JASMIN.

Justement.

MERVILLE *lit.*

« Quartier de Janvier. — Modes, Bijoux, Bals,

» Concerts & Comédies, six mille livres, & tout
» cela est perdu ».

JASMIN.

Non pas pour le Marchand, au moins.

MERVILLE.

Mais à-peu-près.... Passons. « Dépenses faites par
» ordre de Madame, tant pour cavalcades, parties
» de chasse & promenades, que pour.... *Il a de la
» peine à lire*; folies, fantaisies ».

JASMIN *regarde le papier.*

Oh, je n'aurois pas mis cela! si-fait, ma foi, ça
y est; mais ç'a n'est pas de moi! permettez. *Il prend
une plume pour effacer.*

MERVILLE.

Eh non! Folies, c'est le mot, « trois mille livres.
» Illuminations & feux d'artifice, mille livres ».

JASMIN.

Oh! ceci n'est pas cher, car tout le monde en a
profité.

MERVILLE.

« Lorgnette & miroir de poche, à M. l'Abbé,
» en retour d'un épagneul, six louis ».

JASMIN.

Et encore est-il plus à lui qu'à Madame, car il ne
cesse de le porter.

MERVILLE.

« Abonnement du Docteur Vaporius, trois cents
» livres ». C'est-à-dire que les visites de ce grand
Homme coûtent ici douze cents livres par an : c'est

Les Folies du Luxe réprimées.

payer un peu cher du charlatanisme. — *Il se leve.* Mais enfin, cela finira.

JASMIN.

Eh! pourquoi donc, Monsieur? on s'amuse si bien; que ne faites-vous comme les autres?

MERVILLE.

Il est vrai qu'il n'en seroit ni plus ni moins.

JASMIN.

Mais certainement; car enfin, Monsieur, vous aurez beau faire, vous serez l'Intendant de la réforme, & il s'en trouvera dix autres qui le feront des menus plaisirs. — Les Marchands eux-mêmes viendront prier qu'on les ruine.

MERVILLE.

Sans doute, voilà leur sottise. Mais dis-moi un peu, toi qui as de l'esprit, des talens même, à quoi t'amuses-tu dans cette maison ? tu perds ton temps.

JASMIN.

Oh que non, Monsieur, je m'essaie : une fois devenu Intendant, je marche sur les pas de mes Confreres ; Seigneur de deux ou trois bonnes terres, j'achette une charge, des emplois, & me voilà noble comme un autre.

MERVILLE.

Mais oui, j'aime ta franchise.

JASMIN.

Eh! Monsieur, si tous les Intendans vous ressembloient, ils gâteroient la plupart des Seigneurs d'un

Royaume ! que feroient les petits sans la folie des grands ?

MERVILLE.

L'un & l'autre seroient plus heureux.

JASMIN.

Dites plus justes, & c'est bien différent.

MERVILLE.

Jasmin, cette réflexion prouve qu'on t'a gâté, & je prédis que tu changeras.

JASMIN.

Oh volontiers, quand j'aurai fait fortune.

MERVILLE.

Ne reste donc pas ici, car tu vois qu'on s'y ruine.

JASMIN.

Justement, c'est là le moment. Ah ! que ne suis-je Intendant ! mais cela viendra. M. le Marquis une fois marié avec la fille de cette maison, me voilà en pied, & vogue la galere.

MERVILLE.

Eh non ! n'imagine pas que ton Marquis s'avise d'épouser Clarice. Lorsqu'il saura que sa belle-mere vient de perdre cinquante mille francs au jeu, que tous les biens sont en saisie réelle, qu'en un mot tous les Marchands vont fondre ici à la fois, sois sûr qu'il nous plante là.

JASMIN.

Quoi ! Monsieur, Madame a perdu cette nuit cinquante mille francs !

MERVILLE.

Tout autant. *A part.* Heureusement que ce n'est qu'un piége qui lui a été tendu.

JASMIN.

Mais, on disoit cinq seulement. Oh! en ce cas, vous avez raison. Adieu M. le Marquis; moi-même je serai le premier à m'opposer à ce mariage; car enfin son nom vaut quelque chose.

MERVILLE.

Il le croit au moins; aussi le fera-t-il valoir en cherchant d'autres dupes.

JASMIN.

Vous lui en voulez.

MERVILLE.

Au contraire, c'est pour son bien.

JASMIN.

Mais, en vérité, Madame de Monval passe aussi les leçons de M. le Marquis. Elle se croit donc vraiment une Comtesse, pour aller de ce train?

MERVILLE.

On ne l'est pas, mais on veut le paroître. Voilà, comme, par vanité, la roture rentre dans son néant; ainsi que la noblesse, elle n'a pas les mêmes ressources pour réparer ses sottises.

JASMIN.

Oh! ma foi, je vois bien qu'il faudra revenir aux économies. Vous rétablirez tout cela, Monsieur.

MERVILLE.

Sans doute, en faisant attendre, & même perdre

aux honnêtes gens qui ont prêté, n'est-il pas vrai ? belles ressources ! mais.... n'est-ce pas le Marquis que j'entends ?

JASMIN.

Lui-même.

MERVILLE.

Je me retire. *A part.* Bon, le voilà endoctriné, c'est ce que je voulois.

SCENE II.
LE MARQUIS, JASMIN.

LE MARQUIS.

AH ! te voilà, je te cherchois. *A voix basse.* Dis-moi un peu, est-il vrai que Madame de Monval ait perdu cinquante mille francs ?

JASMIN.

Tout autant, M. le Marquis.

LE MARQUIS.

Mais c'est fort désagréable, sur-tout à la veille de lui céder une terre, & de toucher la dot de Clarice.

JASMIN.

Et de danser. — Au diable le bal.... Tenez, Monsieur, croyez-moi, changez de batteries, choisissez plutôt une jeune personne, dont le pere & la mere bien riches, bien économes, bien retirés, ne s'occupent qu'à amasser, pendant que vous, menant joyeuse vie, aurez le droit de dépenser. Autrement, serviteur à la roture.

LE MARQUIS.

Tu as raison ; mais, entre nous, on connoît mes folies ; & la plus grande partie de ces Capitalistes sont aujourd'hui auffi prudens qu'ambitieux. Il a fallu que je rencontrasse justement une jeune femme prodigue, aimant le faste & la dépense, & dont le mari, absent pendant six mois, me laissât le temps de m'emparer de son esprit.

JASMIN.

Le mari absent, dites-vous ? je vois au contraire que depuis huit jours, qu'il est de retour, vous agissez plus en maître que jamais.

LE MARQUIS.

C'est que mon ton lui en impose, & entre merveilleusement dans les vues ambitieuses de sa chere moitié.

JASMIN.

Oui ; mais, M. le Marquis, cela s'appelle exercer ses talens en pure perte ; car, selon toute apparence, Madame de Monval dérange furieusement la fortune de cette maison. Adieu les espérances.

LE MARQUIS.

Nous sommes à deux de jeu à cet égard, & ce qui m'est offert aujourd'hui, vient toujours fort à propos.

JASMIN.

Prenez-y garde, Monsieur.

B 4

LE MARQUIS.

Je sais ce que je fais. Il fut un temps où je pouvois facilement mettre à l'enchere l'honneur de mon alliance, & même me passer de cette ressource, si j'eusse voulu mériter les postes brillans où je pouvois prétendre; mais entraîné par les égaremens d'une jeunesse bouillante, j'ai tellement dérangé mes affaires, & perdu de mon crédit, que je me croirai fort heureux, si je peux réussir ici; car enfin, la terre que je cede, est le seul bien qui me reste.

JASMIN.

Et encore, est-il diablement écorné ! Oui, toutes réflexions faites, votre calcul est juste. Ce que je crains, c'est que la jeune personne ne paroît pas fort disposée à s'y prêter.

LE MARQUIS.

C'est vrai, mais l'empire de Madame de Monval sur l'esprit du pere, me repond du succès.

JASMIN.

Et le monde, dans lequel vous jetterez votre épouse, l'aura bientôt consolée de la petite violence qu'on lui aura faite.

LE MARQUIS.

Oh ! c'est autre chose, Clarice est jeune, aimable, & mérite d'être heureuse. Or il faut commencer par réparer mes folies, & ce monde-là pourroit nuire à tous les deux.

JASMIN.

Comment donc, M. le Marquis! mais voilà ce qu'on appelle des principes, je crois?

LE MARQUIS.

Mais oui, depuis quelque temps je commence à réfléchir, & je t'avoue qu'il entre plus de politique & d'adresse, dans la conduite que je tiens aujourd'hui avec Madame de Monval, qu'un goût soutenu pour les sottises que je fais.

JASMIN.

Oh! en ce cas, Monsieur, venez donc promptement vous faire mieux connoître à M. de Merville; car vous savez tout l'ascendant qu'il a dans cette maison; c'est plutôt un ami qu'un Intendant.

LE MARQUIS.

Non, il ne s'agit plus de tenter à réussir ici par sagesse; il faut brusquer les choses, & les travers de Madame de Monval suffisent à mes projets... Mais, *il regarde sa montre*, voilà l'heure à laquelle elle m'a marqué de venir.

JASMIN.

Sans doute pour vous apprendre cette belle nouvelle. Encore, si vous aviez été de la partie, peut-être en auriez-vous eu votre part.

LE MARQUIS, *en riant*.

Non, la fortune ne veut m'enrichir que par les femmes. Deux ou trois mariages remonteront mes affaires.

JASMIN.

Peste, comme vous les expédiez !

LE MARQUIS.

Paix, tais-toi, j'entends quelqu'un.

JASMIN.

C'est Madame de Monval. *Il sort.*

SCENE III.

MADAME DE MONVAL, LE MARQUIS.

Madame DE MONVAL.

AH! vous voilà, Marquis?

LE MARQUIS.

Mais qu'avez-vous donc, Madame, vous avez l'air bien abattue ?

Madame DE MONVAL.

Ah! Marquis, j'ai bien des choses à vous dire : où étiez-vous donc hier, qu'on ne vous a point vu ?

LE MARQUIS.

J'étois à Versailles, Madame, & le Ministre m'a donné sa parole. Vous serez Marquise, Madame, vous serez Marquise.

Madame DE MONVAL.

Je n'en attendois pas moins de votre crédit ; mais j'ai à vous entretenir sur un autre objet : prenons des sieges.

Les Folies du Luxe réprimées

LE MARQUIS, à part.

Nous y voilà, on va me mettre dans la confidence.

Madame DE MONVAL.

J'ai pris une réfolution qui va vous furprendre.

LE MARQUIS.

Laquelle donc, Madame ? vous m'inquiétez.

Madame DE MONVAL.

C'eft de renoncer entiérement au jeu. Je fens qu'il altere ma fanté, & me donne de l'humeur.

LE MARQUIS.

Au contraire, vous jouez avec une noblefse qui vous fait infiniment d'honneur.

Madame DE MONVAL.

Jufqu'à préfent, je l'avoue, j'ai badiné la fortune avec affez de courage ; mais cette nuit, j'ai été vingt fois fur le point de me livrer à une foibleffe qui vous étonneroit : j'en fuis encore tout agitée.

LE MARQUIS.

Cela dépend auffi des gens avec qui l'on joue ; il y a de ces figures qui femblent vous voler votre argent.

Madame DE MONVAL.

Non, l'affemblée étoit très-bien compofée. J'étois chez la Baronne de Vermeuille ; vous favez combien elle eft délicate fur le choix de fes connoiffances ?

LE MARQUIS.

Mais, vous avez donc perdu bien gros ?

Madame DE MONVAL.

Très-gros.

LE MARQUIS.

Deux cents louis?

Madame DE MONVAL.

Cinquante mille francs.

LE MARQUIS.

Cinquante mille francs! la somme est forte.

Madame DE MONVAL.

Aussi, ce qui m'embarrasse beaucoup, c'est de l'apprendre à M. de Monval.

LE MARQUIS.

Oh, pour le coup, voilà de la foiblesse! vous ignorez donc le pouvoir que vous avez sur lui?

Madame DE MONVAL.

D'accord, mais....

LE MARQUIS.

Eh non, Madame! conservez, par exemple, cet air de tristesse, &, dans l'instant, je vois le tendre époux, les larmes, aux yeux, vous baiser amoureusement les mains, & déposer à vos pieds la clef de son trésor.

Madame DE MONVAL.

Vous avez raison; mais il y auroit un moyen qui seroit plus de mon goût; vous seul, Marquis, pouvez me rendre ce service.

LE MARQUIS.

Parlez, Madame, je suis tout à vous.

Madame DE MONVAL.

Ce seroit, en nous cédant votre terre, de me remettre de la main à la main, les cinquante mille francs ; alors je trouverois un moment plus favorable pour parler à M. de Monval.

LE MARQUIS.

Oh, voilà qui est délicieux ! c'est-à-dire que c'est moi qui aurai perdu ?

Madame DE MONVAL.

Justement ! vous étendez mon idée. Eh ! mais oui, je dirai que je jouois en votre nom, & me voilà sauvée.... En vérité, Marquis, vous êtes admirable pour les expédiens. Celui-ci est excellent, je l'adopte. *Elle se leve avec vivacité.*

LE MARQUIS *se leve aussi.*

Un moment donc, Madame, expliquons-nous.

Madame DE MONVAL.

Eh, oui, oui, je vous comprends, voilà mes cinquante mille francs trouvés !

LE MARQUIS.

Tu-Dieu, Madame, comme vous vous en emparez ! & pour moi, que deviendront-ils ?

Madame DE MONVAL.

Ils vous rentreront, vous dis-je.... Attendez.... Oui, c'est très-bien imaginé, je ferai augmenter d'autant la dot de Clarice.

LE MARQUIS.

Voilà qui est très-bien vu ; mais vous ne songez pas, Madame de Monval, qu'en me gratifiant de cette perte, toute la famille, & sur-tout votre

M. de Merville, vont s'armer plus que jamais contre moi.

Madame DE MONVAL.

Eh non! Marquis, foyez tranquille, c'eſt mon affaire. Mais admirez-vous notre fagacité? j'en fuis toute glorieufe; il s'agit donc actuellement que vous alliez chez le Notaire figner l'acte de vente, & que nous payions, pour qu'il n'en foit plus queſtion.

LE MARQUIS.

Quoi! dès aujourd'hui?

Madame DE MONVAL.
Mais oui, j'ai donné ma parole.

LE MARQUIS.

Oh! j'entends mieux les affaires, moi; à la veille d'un mariage, l'argent comptant eſt néceſſaire. Or, puifque nous l'avons, il ne faut pas s'en deſſaiſir. Ces Meſſieurs auront donc la complaiſance d'attendre, ou au moins de fe contenter de la moitié. *Ici Merville paroît aux aguets.*

Madame DE MONVAL.

En ce cas, Marquis, voyez-les donc; mais furtout, dites-leur bien que c'eſt vous qui avez perdu.

LE MARQUIS.

A part. Cela pourroit être, mais j'y réfléchirai.... Voyons, Madame; à qui ai-je affaire?

Madame DE MONVAL.

Venez avec moi, nous allons arranger cela....

Mais à propos, ceci n'empêchera pas notre bal pour ce soir, j'ai donné des ordres en conséquence.

LE MARQUIS.

Vous avez très-bien fait; cette fête devient même essentielle pour sauver les apparences.

Madame DE MONVAL.

N'est-il pas vrai? Que vois-je? M. de Merville? entrons par ici, je veux l'éviter.

SCENE IV.

MERVILLE, ARMAND.

MERVILLE.

OH, pour le coup, le succès a passé mes espérances! comme elle paroît agitée! Eh bien! que t'a dit Dorfain?

ARMAND.

Qu'en sortant de chez Madame de Vermeuille, où il est allé pour la remercier encore de votre part, il ne manquera pas de venir.

MERVILLE.

Bon.... Il est vrai que la Baronne s'y est prêtée de la meilleure grace du monde. On ne se doute pas du stratagême. Et nos créanciers, les as-tu vus?

ARMAND.

Oui, Monsieur, en partie; ainsi attendez-vous à les recevoir.

MERVILLE.

C'eft ce que je demande.

ARMAND.

Pour moi, Monfieur, je ne comprends pas comment vous prétendez rétablir les affaires d'une maifon, en faifant publier qu'elle va manquer.

MERVILLE.

Ce feroit dangereux pour une maifon de commerce; mais celle-ci n'a befoin que d'économie, & c'eft le feul moyen pour y parvenir, ou plutôt faire ouvrir les yeux à une jeune femme qui fe laiffe entraîner de plus en plus aux féductions du luxe.

ARMAND.

Mais M. de Monval ne fe trahira-t-il pas lui-même ? car enfin il eft dans la confidence.

MERVILLE.

Non, parbleu ! c'eft lui fur-tout que je redoute.... c'eft pourquoi, fonge à être difcret.

ARMAMD.

Ne craignez rien, Monfieur.

MERVILLE.

Je vais donc, en attendant, entrer chez lui, & le préparer au coup que je veux lui porter. *Il traverfe le Théâtre pour fe rendre à l'appartement de M. de Monval.*

SCENE V.

SCENE V.

ARMAND *seul.*

AH! comme à sa place, je ferois mes affaires!'il sera bien avancé, lorsqu'avec sa probité, on n'en dira pas moins qu'il ne s'eſt point oublié; c'eſt une duperie. Mais, quel talent faut-il donc pour être Intendant? il ne s'agit que de trouver de l'argent & de le partager. Eh! mais oui, j'étois un ſot; j'en connois mille qui ne font pas autrement. Mais, n'eſt-ce pas là un de nos Marchands qui me préviendroit? Juſtement. Voyons, profitons de notre miſſion. *Il parcourt la liſte.*

SCENE VI.

LE MARCHAND, ARMAND.

LE MARCHAND.

AH! bon jour, M. Armand. Que cherche-t-il donc ſur cette liſte?

ARMAND *lit.*

M. des Quatre-Vents, Marchand de modes, & Plumaſſier-Décorateur, c'eſt vous, je penſe?

DES QUATRE-VENTS *tenant des échantillons de plumes.*

Moi-même.

C

ARMAND.
Avez-vous là votre mémoire ?

DES QUATRE-VENTS.
Oui, le voici.

ARMAND *le parcourt*.
Hom... hom... pour la tête de Madame, fourni vingt plumes volages, ondées, frifées, panachées, fond paille & azur; plus, fix bonnets à la caravane, quatre à la *Figaro*, & deux garnitures gorge de pigeon, pintade & colibri. Ah ! ah ! ah ! convenez donc, M. des Quatre-Vents, que l'invention des modes est une belle chofe ?

DES QUATRE-VENTS.
Mais certainement.

ARMAND.
Cependant, remportez votre mémoire. Eft-ce qu'une maifon comme la nôtre paye aujourd'hui ?

DES QUATRE-VENTS.
Comment ! que voulez-vous dire ?

ARMAND.
Chut.... *à voix baffe*.... j'allois vous prévenir que....

DES QUATRE-VENTS.
O Ciel ! encore une banqueroute ?

ARMAND.
Doucement; ceci doit refter entre nous.

DES QUATRE-VENTS.
Non pas, s'il vous plaît, je veux être payé, & dans l'inftant.

ARMAND.

Ah! M. des Quatre-Vents, c'eſt fort mal me payer moi-même du ſervice que je vous rends.

DES QUATRE-VENTS.

Quoi! ne vous faut-il pas encore de l'argent?

ARMAND.

Mais, je vous le demande?

DES QUATRE-VENTS.

Comment!

ARMAND.

Vous avez raiſon, le tems preſſe, j'ai d'autres amis à ſervir; bon jour.

DES QUATRE-VENTS *tirant ſa bourſe.*

Un moment donc, je veux que vous ſoyiez des miens.

ARMAND *revient.*

En vérité, pour un Marchand, vous entendez bien peu vos intérêts.

DES QUATRE-VENTS.

Tenez, êtes-vous content?

ARMAND.

Il faut ſe prêter aux circonſtances. Eh bien, venez dans deux ou trois heures, apportez votre mémoire, & M. de Merville arrangera votre affaire.

DES QUATRE-VENTS.

Mais, ne pourrois-je pas actuellement lui parler?

ARMAND.

Non; il eſt avec M. de Monval, & vous gâteriez tout.

DES QUATRE-VENTS.

Ah! mon ami, servez-moi, & soyez sûr que je ne m'en tiendrai pas là.

ARMAND.

Je l'espere. Adieu, M. des Quatre-Vents. J'entends M. de Monval, ne paroissez pas, & faites ce que je vous dis.

DES QUATRE-VENTS, *à part en s'en allant.*

Oui, laissez emporter votre bien.... Oh! je ne sors pas de la maison.

ARMAND.

Bon. Voilà ce qui s'appelle tirer une plume adroitement. Allons en faire autant chez ceux qui me restent à voir, & nous voilà Intendant. *Il sort.*

SCENE VII.
DE MONVAL, MERVILLE.

DE MONVAL.

Toutes vos raisons sont excellentes, mon cher Merville, mais elle le veut.

MERVILLE.

Elle le veut! l'arrêt est sans appel en effet. Comment! après quatre ans de mariage, une jolie femme peut-elle donc avoir le même ascendant sur un homme sensé, sur un homme déja pere d'une fille de vingt ans?

Les Folies du Luxe réprimées.

DE MONVAL.

Oui, quand il aime.

MERVILLE.

Et que sur-tout, pardonnez cette franchise à mon amitié, cette femme connoît toute l'étendue de son pouvoir, que sa jeunesse, sa beauté & la vivacité de ses goûts, lui ont assuré des succès que trop de complaisance ou plutôt de foiblesse, autorise chaque jour.

DE MONVAL.

Courage, grondez-moi bien.

MERVILLE.

Mais songez donc que vous ignorez jusqu'à quel point, pendant votre absence, elle a dérangé vos affaires. J'ai eu beau vous en faire part, vos réponses & les lettres que vous lui écriviez, ne me laissoient aucun moyen de m'y opposer.

DE MONVAL.

Cela est vrai, mon ami, mais je recueillois une succession inattendue & assez considérable. D'ailleurs, la paix doit coûter quelques sacrifices. *Ici des Quatre-Vents vient aux écoutes.*

MERVILLE.

Mais non l'honneur; laissez à ces illustres intrigans, à ces hommes sans mœurs, la fausse gloire de briller aux dépens de mille citoyens. A voir la maniere dont ils traitent leurs créanciers, il semble que l'intérêt ou le besoin ne les amene à leurs pieds que pour y être égorgés comme ces victimes qu'on immoloit autrefois en l'honneur des faux Dieux.

SCENE VIII.

DES QUATRE-VENTS, *les précédens*.

DES QUATRE-VENTS.

Bravo.... Oui, Monsieur, vous voudrez bien ne me pas mettre dans votre bilan.

DE MONVAL.

Comment ! cet homme est-il fou ?

DES QUATRE-VENTS.

De grace, Messieurs, mes plumes sont en conscience, je ne dois rien perdre.

MERVILLE.

Monsieur, donnez votre mémoire, & retirez-vous.

DES QUATRE-VENTS.

Quoi ! sans argent ?

MERVILLE.

Vous en aurez.— Sortez.

DES QUATRE-VENTS.

Mais, Monsieur ?

MERVILLE.

Vous serez payé, vous dis-je; laissez-nous le temps d'examiner vos articles, & revenez dans la journée.

DES QUATRE-VENTS.

Fort bien, Monsieur.... *Il revient.* Si cependant....

MERVILLE.

Oh! en ce cas, voilà votre mémoire!

DES QUATRE-VENTS.

Eh non! Monsieur, excusez-moi; mais j'ai si peur de perdre...... Je reviendrai, n'est-il pas vrai?

MERVILLE.

C'est convenu. Quel créancier que celui-là!

SCENE IX.
DE MONVAL, MERVILLE.

DE MONVAL.

Que parle-t-il donc de bilan?

MERVILLE.

Mais c'est bien en faire un, que de faire trop long-temps attendre; croyez-moi, rendez-vous enfin le maître. Comment, par exemple, pouvez-vous vous laisser entraîner à la vanité d'acheter un nom? les titres, les grandeurs n'appartiennent de droit qu'à la naissance, aux grands talens, ou à des services essentiels avoués par la patrie, & récompensés par le Prince. L'estime publique, & la satisfaction personnelle de bien faire, voilà la gloire que doit ambitionner, & dont s'honore chaque jour le simple citoyen honnête homme. Votre épouse, en voulant vous décorer, ne cherche qu'à flatter son orgueil, sans s'embarrasser de vos affaires. Son vrai motif, en un mot, est d'aller de pair avec sa belle-fille, qu'elle prétend donner au Marquis.

DE MONVAL.

Oh! par exemple, ne croyez pas, malgré que je consente à traiter de sa terre, que ce soit un engagement pour accepter son alliance!

MERVILLE.

Il en sera comme de tout le reste. Voyez, depuis huit jours que vous êtes de retour, si vous avez eu seulement le courage de vous opposer au ton qu'il a pris ici. Votre présence, au contraire, semble le rendre encore plus impertinent.

DE MONVAL.

Cela commence en effet à me lasser, & je ne conçois pas comment Madame de Monval a pu se laisser aveugler jusqu'à ce point. Car enfin, Merville, convenez en, avant son mariage, ne paroissoit-elle point avoir toutes les qualités qui rendent encore une jeune femme mille fois plus aimable ? Malgré sa légèreté, ses goûts frivoles, peut-on lui refuser de l'esprit, même du bon sens?

MERVILLE.

D'accord, elle a celui de la plupart des jolies femmes : semblables à leur parure, la raison dans leur bouche, est pleine de graces & d'agrémens ;

mais ce ne font souvent que des mots d'ufage, des phrafes brillantes, qui laiffent toujours agir la folie. Dites plutôt que Madame de Monval attendoit votre fortune pour fe livrer à tous fes goûts, & mettre, dans tout leur jour les excès du luxe & de la vanité. Enfin fubjugué par l'amour, je veux qu'il ne foit plus en votre pouvoir de réfifter a la main qui vous maîtrife. Laiffez donc à l'amitié vigilante la liberté d'agir pour vous.

SCENE X.

UN DOMESTIQUE, DE MONVAL, MERVILLE.

LE DOMESTIQUE à *M. de Monval.*

Monsieur, il y a là une perfonne qui voudroit vous parler.

MERVILLE.

A part. C'eft Dorfain, fans doute ? *haut.* Que je ne vous gêne pas, Monfieur.

DE MONVAL.

Pourquoi donc ? je n'ai rien de caché pour vous; faites entrer.

MERVILLE.

Je vous quitte.

DE MONVAL.

Eh non ! reftez.

SCENE XI.

DORSAIN, *les précédens.*

DORSAIN.

Qui de vous, Messieurs, est Monsieur de Monval?

DE MONVAL.

C'est moi, Monsieur.

DORSAIN.

Ne pourrois-je pas vous dire un mot en particulier, Monsieur?

DE MONVAL.

Ne craignez rien, Monsieur; Monsieur est mon ami.

DORSAIN.

En ce cas, Monsieur, malgré qu'on m'ait recommandé le secret, je croirois vous manquer, si je vous faisois plus long-temps un mystere que vous m'êtes redevable de cinquante mille francs.

DE MONVAL.

Cinquante mille francs! eh! comment cela, Monsieur?

DORSAIN.

Pour les avoir gagnés cette nuit, moi quatrieme, chez la Baronne de Vermeuille, à Madame votre épouse.

DE MONVAL.

Cinquante mille francs! mais, Monsieur, songez-vous à ce que vous dites?

DORSAIN.

Oui, Monsieur, très-bien; & plus de vingt personnes témoins, & même intéressées à notre jeu, vous l'affirmeront.

DE MONVAL.

Je les crois d'avance. Mais, Monsieur, soyez persuadé que je ne paierai pas un sou.

DORSAIN.

Pardonnez-moi, Monsieur; ce sont de ces dettes d'honneur qu'il faut acquitter. Vous y êtes d'autant plus engagé, que, par considération pour vous-même, nous n'avons pas voulu en gagner davantage; elle vouloit jouer jusqu'à ses diamans.

DE MONVAL.

En effet, je dois vous être très-obligé. Qu'en dites-vous, M. de Merville ?

MERVILLE *fait signe des yeux à Dorsain.*

Avec la permission de ces Messieurs, c'est pousser un peu loin la fureur du jeu, sur-tout vis-à-vis d'une jeune femme, hors de sa maison & de la présence de son époux.

DE MONVAL.

Certainement, & je vous conseille, Messieurs, de rester tranquilles; autrement, je vous ferois de belles affaires.

DORSAIN.

Oh, pour le coup, Messieurs, voilà qui est très-plaisant! est-ce que jamais on consulte les maris en pareilles occasions? & ne savez-vous pas qu'ils sont nés cautions des fantaisies de leurs femmes ? sans cela, quelle sûreté y auroit-il dans le commerce ?

MERVILLE.

Mais encore, Monsieur, cinquante mille francs font une de ces fantaisies qu'on ne satisfait pas facilement.

DORSAIN.

D'accord ; mais c'est Monsieur lui-même qui a autorisé notre confiance. Tout le monde sait que les volontés de Madame sont les siennes.

DE MONVAL.

Oh bien, Monsieur, je prouverai le contraire ; cinquante mille francs !

DORSAIN.

Tout autant. Est-ce ici, ou chez votre Notaire, qu'on recevra ?

DE MONVAL.

Chez le diable, & laissez-moi tranquille, je vous prie.

SCENE XII.

MADAME DE MONVAL, *les précédens.*

Madame DE MONVAL.

LA, là, doucement, M. de Monval. *A Dorsain.* Comment, Monsieur, vous êtes ici après m'avoir promis le secret ! Oh bien ! apprenez donc que c'est à M. le Marquis de Basencour que vous avez af-

Les Folies du Luxe réprimées.

faire ! Je jouois pour son compte, & dans l'instant nous venons d'arrêter que l'argent de sa terre acquittera cette dette. *Dorsain & Merville se regardent.*

DE MONVAL.

Comment, Madame, seroit-il possible !

Madame DE MONVAL.

Oh, point de reproches, je vous prie ; c'est un accident, & il ne s'en plaint point. Vous serez Marquis, Monsieur, & possesseur d'une nouvelle terre.

DE MONVAL.

Non, Madame, je romps tout traité avec un pareil extravagant ; qu'il garde ses titres.

Madame DE MONVAL.

Fi donc ! Monsieur, que dites-vous là ? lorsque le Ministre a donné sa parole, & que nous-mêmes nous avons donné la nôtre à un homme de qualité ! non, en vérité, je ne permettrai pas que vous fassiez une pareille sottise.

DORSAIN.

Pour moi, Monsieur, arrangez-vous, je vais agir de mon côté.

Madame DE MONVAL.

Monsieur, votre procédé n'est point du tout honnête, & je ne reconnois point, à ce langage, les amis de la Baronne.

DORSAIN.

Comment, Madame ! vous le voyez, Monsieur refuse de payer ! D'ailleurs, quel fond peut-on faire sur un homme tel que le Marquis, qui se ruine tous les jours !

DE MONVAL.

Cinquante mille francs !

Madame DE MONVAL *avec dépit.*

Oh, je vois bien, Monsieur, qu'on vous a conseillé ! oh bien, oh bien, je sais ce que j'ai à faire ! *elle s'agite vivement.*

DE MONVAL.

Mais enfin, ma chere amie.

Madame DE MONVAL.

Laissez-moi, Monsieur, c'est affreux.

DE MONVAL.

De grace, écoutez-moi.

Madame DE MONVAL.

Peut-on me mettre dans cet etat ? *elle fait un cri.* Ah ! je me meurs !

DE MONVAL.

Elle se meurt ! eh vîte du secours, Messieurs ! ma bonne amie.

Madame DE MONVAL *le repoussant.*

Mes femmes ?

DE MONVAL.

Marton ! Rosalie ! Messieurs, appellez donc ?

Deux femmes viennent, & l'emmenent en la soutenant.

M. de Monval la soutient aussi, & dit, en s'en allant, à Dorsain.

C'est cependant vous, Monsieur, qui êtes cause de cela.

SCENE XIII.
MERVILLE, DORSAIN.

MERVILLE.

Quelle foibleſſe ! il ne voit pas qu'on le joue ! Fort bien, mon ami, vous avez fait votre rôle à merveille.

DORSAIN.

Je n'en ſuis point la dupe, au moins. Je parierois que c'eſt une convention entre elle & le Marquis.

MERVILLE.

Très-certainement ; au reſte, feignons de le croire. Je vais m'arranger de façon à payer les créanciers, plutôt que d'acheter des honneurs très-inutiles à cette maiſon.

DORSAIN.

Oui, & que ſur-tout cela ſerve à éloigner le Marquis ; car enfin, mon ami, il eſt temps que vous vous rendiez à nos ſollicitations. Vous allez rentrer dans votre fortune par le gain de votre procès ; votre fils eſt auſſi ſur le point de poſſéder une très-belle place : rien ne doit donc plus vous empêcher d'achever ſon bonheur.

MERVILLE.

Non, mon ami, c'eſt inutile. Quoique très-aſſuré que M. de Monval lui accorderoit volontiers ſa fille, ma poſition ne me permet pas d'y conſentir ;

il sembleroit que le zele qui m'anime, n'auroit d'autres motifs que ma propre satisfaction.

DORSAIN.

Cette délicatesse est bien digne de vous ; mais comme ils s'aiment & se conviennent à tous égards, c'est au contraire obliger votre ami, que de faire le bonheur de sa fille.

MERVILLE.

Non, encore une fois, mon cher Dorsain, je ne me départirai point de mes principes. J'exige même que mon fils ne m'en parle jamais.

DORSAIN.

Oh parbleu ! c'est un peu trop fort ! faites vos affaires, & nous ferons les nôtres.

MERVILLE.

A la bonne heure, mais soyez persuadé que je m'y opposerai de tout mon pouvoir.

SCENE XIV.

MARTON, CLARICE, *les précédens.*

MARTON.

Fort bien, Messieurs ; vous accommodez joliment les femmes. Eh vîte donc du secours ! je me meurs ! *elle se jette dans un fauteuil.*

CLARICE.

Qu'elle est folle !

MERVILLE.

MERVILLE.

Eh bien, Marton, en est-on revenue?

MARTON.

Eh mon Dieu, oui! *elle fait un long soupir.* Ce bon Monsieur de Monval! c'est au contraire lui-même qu'il auroit fallu faire revenir. A peine a-t-elle été hors de votre présence, qu'animée d'un noble courage, elle l'a si bien traité, que, le voyant pâlir, j'ai malicieusement repris un flacon, & voulois ranimer ses sens. Mais ce qui m'a fort amusé, c'est qu'elle vous a taxé, vous, Monsieur, d'égrefin, & vous, Monsieur, d'un grave personnage, qui, pour se rendre nécessaire, & peut-être faire sa main, jettoit de l'embarras dans les affaires.

MERVILLE.

Sans doute, il faut bien que j'aie tort.

MARTON *à Dorsain.*

Oui, mais, avec tout cela, Monsieur, vous avez gagné là une somme qui n'accommode point du tout ma jeune maîtresse.

CLARICE.

J'en aurois moins de chagrin, si encore elle ne s'obstinoit à me rendre victime de son autorité. *Ici on voit paroître Merville fils. Marton lui fait signe de se retirer.*

MERVILLE.

Clarice, soyez tranquille. Le Marquis ne cherche qu'à s'enrichir, & vous voyez que Madame de Monval s'arrange de maniere à l'éloigner.

MARTON.

En effet ; car, Monfieur, vous avez beau vouloir nous le cacher, nous favons tout. Il vient même d'arriver un commiffionnaire du château, pour avertir que des Huiffiers y font, & faififfent par-tout.

MERVILLE.

Cet homme eft-il encore là?

MARTON.

Je le penfe

MERVILLE.

Il faut que je lui parle. *A Dorfain à part.* A ça, mon ami, de la difcrétion.

DORSAIN.

Je vous comprends.

SCENE XV.

MERVILLE fils, DORSAIN, CLARICE, MARTON.

MERVILLE fils *entre avec vivacité.*

EH bien, Monfieur, avez-vous enfin obtenu quelque chofe de mon pere?

DORSAIN.

Non, rien ne peut le fléchir. Croyez-moi, profitez du moment, expliquez-vous avec la chere tante.

MERVILLE fils.

Ah! Monfieur, lorfque l'amour le plus tendre &

le plus sincere ne me feroit point desirer aussi ardemment de posséder l'adorable Clarice, pourrois-je la voir devenir victime de la délicatesse de mon pere, & de la foiblesse du sien?

DORSAIN.

Non, sans doute, confiez-vous donc, vous dis-je, à Madame de Rozan.

MARTON.

Monsieur a raison, & soyez persuadé que je saurai la mettre dans nos intérêts.

DORSAIN.

Ce qu'il y a de sûr, c'est qu'il ne tiendra pas à nous que le Marquis renonce à ses prétentions.

MERVILLE.

Ah! puisse l'amour seconder votre amitié pour nous!

MARTON.

Laissez-nous donc faire; craignons seulement qu'on ne nous surprenne ici, & voyons ce que va produire la nouvelle des saisies réelles.

Merville fils & Dorsain les conduisent jusqu'à l'entrée d'un Sallon, & sortent par un côté opposé.

Fin du premier Acte.

ACTE II.

SCENE PREMIERE.

DE MONVAL, MADAME DE MONVAL MERVILLE.

Madame DE MONVAL, *à Merville.*

Oui, Monsieur, vous pouviez certainement prévenir un pareil éclat.

MERVILLE.

Eh! comment cela, Madame? je n'ai malheureusement que des dépenses ou des pertes à régler. Je ne vous le cache pas, votre fortune est dans le plus grand dérangement, j'y perds la tête.

Madame DE MONVAL.

Oh bien moi, Monsieur, je ne la perdrai pas, & je vais voir d'abord ce que ces fripons d'Huissiers-là demandent.

DE MONVAL.

Madame de Monval, doucement; nous parlons à un ami.

Madame DE MONVAL.

Que Monsieur ait donc lui-même un peu plus de complaisance.

MERVILLE.

Eh! Madame, ce sont ces ménagemens-là qui

font aujourd'hui tant de fourbes & de flatteurs dans la société.

Madame DE MONVAL.

Mais encore, Monsieur, on parle, on s'explique, suis-je enfin si ridicule?

MERVILLE.

Je ne dis pas cela, certainement; je voudrois seulement que vous eussiez plus de confiance en moi.

Madame DE MONVAL.

J'en ai beaucoup, Monsieur, néanmoins je veux voir tout cela par moi-même : venez, M. de Monval, ce n'est qu'à deux lieues d'ici, nous serons bientôt de retour. *De Monval regarde Merville.*

MERVILLE.

Madame a raison, Monsieur; suivez ses conseils.

DE MONVAL.

Doucement, voici madame de Rozan.

SCENE II.

MADAME DE ROZAN, *les précédens.*

Madame DE ROZAN.

COMMENT ! mon frere, qu'est-ce que j'apprends ?

Madame DE MONVAL.

Madame, ménagez-nous un peu, s'il vous plaît; allons, M. de Monval, le temps presse; adieu, Madame. *Elle emmene de Monval.*

Madame DE ROZAN, *l'air étonné.*

Adieu, Madame.

SCENE III.

MADAME DE ROZAN, MERVILLE.

Madame DE ROZAN, *après un instant de silence.*

EH bien! M. de Merville, cet homme-là peut-il fuir à son malheur?

MERVILLE.

Vous le voyez, Madame.

Madame de ROZAN.

Mais une perte comme celle-là est horrible, & mon frere mériteroit qu'on le fît interdire lui-même; ma pauvre Clarice que deviendra-t-elle?

MERVILLE

Tranquillisez-vous, Madame, je veille à ses intérêts.

Madame DE ROZAN.

Quoi! M. de Merville être obligé de payer cinquante mille francs?

MERVILLE.

Daignez m'entendre, je vous prie.

SCENE IV.

ARMAND, *les précédens.*

ARMAND, *accourant.*

Monsieur, tenez-vous bien, voilà nos gens.

Madame DE ROZAN.

Comment! que veut-il dire?

MERVILLE.

Que c'est une foule de créanciers qui arrivent.

Madame DE ROZAN.

Oh! en ce cas, je ne veux point paroître, & je vais m'arranger pour revenir prendre ma niece & l'amener chez moi.

MERVILLE.

Fort bien, Madame, j'aurai l'honneur d'aller vous faire part de mes projets.

SCENE V.

ARMAND, *plusieurs créanciers.*

Ils forcent Armand de les laisser entrer. MERVILLE.

LA FURET.

C'est inutile, nous entrerons. (*Armand se retire.*) *A Merville.*

Quoi! Monsieur, est-il vrai?

MERVILLE.

Chit.... doucement.

LA FURET & *les autres.*

Monsieur, il n'y a point de mystere à faire, nous savons de quoi il s'agit.

MERVILLE.

Oh! l'un après l'autre, s'il vous plaît.

PINCEMAILLE.

Monsieur a raison, nous sommes ici pour nous expliquer.

LA FURET.

Ce M. Pincemaille, avec son ton patelin, il est certainement à couvert, lui.

PINCEMAILLE.

Mademoiselle Furet, des propos ne reglent point les affaires.

MERVILLE.

Allons, n'ébruitons rien, & voyons à nous arranger.

LA FURET, *criant.*

Songez toujours, Monsieur, que je ne veux rien perdre.

MERVILLE.

Fort bien, Mademoiselle Furet, criez, cela vous amusera en attendant.

LA FURET.

Oh! je n'attendrai pas, & je vais de ce pas chez mon Huissier.

Plusieurs Créanciers.

Et nous de même.

Merville.

Allez, mes amis, allez.

La Furet, *en s'en allant*.

Rapportez-vous-en donc au dehors de l'opulence.

Merville.

Vous prenez un mauvais parti, Mademoiselle Furet.

La Furet *revient*.

Mais, Monsieur, voyez donc ma position. Je fournis, il y a six mois, une garniture de trois mille livres à la Marquise de Mirbolan, elle meurt insolvable ; je m'adresse à la Comtesse, sa fille, que je vois parée de mes dentelles, &, pour paiement, elle me reconduit au milieu de ses gens, en me traitant d'impertinente & de friponne. Le Baron de Gravorien me prend pour deux cents louis de bijoux, dont il veut, dit-il, décorer l'innocence ; je crois ses billets bons, & voilà déjà vingt pistoles qu'il m'en coûte, sans espoir d'être payée ; enfin, Monsieur, depuis trois ans, j'ai peut-être perdu avec les femmes d'épée & de robe, plus de dix mille francs ; jusqu'aux Abbés qui me menacent de donner leur bilan. Ces Messieurs disent qu'ils sont trompés par des Danseuses auxquelles ils vendent les bijoux que je leur confie.

Merville.

Ces propos ne finissent rien. Voulez-vous être payés ?

La Furet.

C'est tout ce que nous demandons.

MERVILLE *se met devant une table.*

Eh bien! jugez-vous vous-mêmes, faites, une diminution raisonnable.

SCENE VI.

MERVILLE, *les précédens, un Maître de Musique, un maître de Danse & un Médecin empirique.*

L'EMPIRIQUE.

AH! voici M. de Merville.... comment! quelle nouvelle, Monsieur? on dit que les affaires...

MERVILLE.

Un instant, Messieurs, votre tour viendra.

LE MAÎTRE DE DANSE, *avec l'accent gascon.*

Je l'espere au moins; des cachets ne sont point des lettres de-change. On ne proteste pas de tels effets.

LE MUSICIEN.

Ni pour la musique. *Il présente des cachets.*

MERVILLE.

Comment, quelle est cette marchandise-là?

LE MAÎTRE DE DANSE.

Qu'est-ce à dire? sandis, vous traitez des Artistes de Marchands! la méprise est excellente?

MERVILLE.

Pardon, Messieurs, mais je ne ne mêle point de ces fariboles.

Les Folies du Luxe réprimées.

LE MAÎTRE DE DANSE.

Farivoles ! oh, vous la danserez, je vous le jure, & de la bonne forte.

LE MUSICIEN.

Oui, Monsieur, il faudra bien que vous chantiez.

L'EMPIRIQUE.

Ayez besoin de mes poudres, Monsieur, ayez besoin de mes poudres.

MERVILLE, *en souriant*.

Réflexions faites, vos droits sont aussi légitimes que ceux de la plupart des créanciers du jour, c'est le siecle qui a tort.

LE MAÎTRE DE DANSE.

Ah, cela s'explique au moins.

UN MARCHAND *ayant réglé son mémoire*.

Pour moi, Monsieur, voici mon mémoire, je viens de le régler.

LA FURET, *& les autres*.

Et nous aussi ; car après tout, plaider pour gagner, c'est toujours perdre.

MERVILLE.

Vous avez raison ; d'ailleurs, en payant comptant, n'est-il pas naturel que je modere les bénéfices excessifs de la plupart des fournisseurs de cette maison ? car aujourd'hui, ce qui ruine la plus grande partie des familles & vous-mêmes, n'est-ce pas la manie de prendre à crédit chez des Marchands qui, en conséquence, rançonnent arbitrairement les folies du luxe ? l'intrigue & la mauvaise foi sont les seules qui en profitent, pendant que nos manufactures supportent les trois quarts des banqueroutes journalieres.

LA FURET *se tourne vis-à-vis des autres.*
Oh, cela, c'est vrai.

MERVILLE.

Je prouverois aussi que l'embarras des affaires d'une infinité de citoyens, provient plus de la dépravation des mœurs & des excès de la vanité, que de toutes autres causes. Heureusement qu'à l'exemple de notre jeune Monarque, & que, grace à l'amour de la vraie gloire & du bien public qui anime aujourd'hui nos ministres-citoyens, les bonnes mœurs & l'équité reprendront enfin leur empire.

LE MARCHAND.

Oui, voilà notre espoir; car on gagneroit souvent cinquante pour cent, qu'on ne répareroit pas les pertes que causent l'intrigue & le libertinage de ces prétendus gens comme il faut, qui, de toutes parts brillent à nos dépens. Ils ont toujours de l'argent pour leurs plaisirs, même pour plaider contre les honnêtes gens qu'ils ruinent, & jamais pour les payer.

MERVILLE.

Chit, chit, cela changera, je vous l'assure. A ça, Messieurs, comptez sur moi; vous serez satisfaits avant la fin du jour.

Les Créanciers se retirent.

SCENE VII.

PLUSIEURS DOMESTIQUES (*Ils appellent les Créanciers*), MERVILLE.

Un Domestique *ivre*.

UN moment, Messieurs, un moment : vous êtes payés sans doute ; & nos droits à nous ? faudra-t-il nous disputer ?

Un autre Domestique.

Oh, oh ! point de dispute ; mes amis ne sortons point des bornes. *Il fait un faux pas.*

Merville.

Quelle scene ces ivrognes-là viennent-ils donc faire ici ?

Le Domestique.

Une scene ! Monsieur ? quoi ! n'avons-nous point à prétendre de certains petits bénéfices, de petites rétributions que Messieurs les Marchands ont soin de sous-entendre exprès dans les articles ?

Merville.

Allons, sortez d'ici. *A un Domestique.* Et toi, tu vas payer pour les autres

Le Domestique.

Oh ! c'est déja fait, Monsieur ; c'est moi qui les régale.

SCENE VIII.

UN CUISINIER, *les précédens.*

Le Cuisinier.

Eh, nos amis ! *Il voit Merville.* Ah ! excusez, Monsieur ; c'est que voilà Mademoiselle qui descend de son appartement, & il ne seroit peut-être pas honnête de paroître si gaillard. *A demi-voix.* Car on dit hautement que la maison va manquer.

Un Domestique.

Comment, manquer ! une maison toute neuve ?

Un autre.

Eh non ! ce sont les affaires. *Merville sort en levant les épaules.*

Le Domestique.

Ls affaires ? oh ! nous ne les entendons pas, nous ?

Le Cuisinier.

Tu plaisantes ; mais cependant rien n'est plus vrai, Monsieur est ruiné.

Le Domestique.

En ce cas, jouons de notre reste, & je vous prends tous sous ma protection. *Il chante.*

Air : *Vous le voulez, je vous le donne.*

Que le service est agréable,
Lorsque les Maîtres sont absens !
L'office, la cave, la table
Tombent de droit aux mains des gens.

Buvons de ce jus délectable,
Et convenons, mes chers enfans,
Que le service est agréable,
Lorsque les Maîtres sont absens.

L E C U I S I N I E R.

Avec tout cela, Mademoiselle va peut-être venir, & c'est bien malheureux pour elle.

L E D O M E S T I Q U E, *d'un ton attendri.*

Oh ça, c'est vrai, car c'est une demoiselle bien aimable.

L E C U I S I N I E R.

Eh vîte donc! là voilà, je l'entends. *Ils sortent.*

S C E N E IX.
C L A R I C E, M A R T O N.

C L A R I C E.

Vois-tu le désordre, & avec quelle impudence ces drôles-là en agissent ici?

M A R T O N.

Ce n'est pas étonnant, ils sont du choix du Marquis.

C L A R I C E.

A ça, Marton, songe, malgré toute l'amitié que ma tante a pour moi, qu'il faut encore agir prudemment.

M A R T O N.

Ne craignez rien, vous dis-je, sachons d'abord pourquoi elle se fait accompagner de Merville fils.

CLARICE.

Peut-être M. Dorfain lui a-t-il déjà parlé. J'en suis en vérité toute tremblante.... Paix, je l'apperçois.

SCENE X.

MADAME DE ROZAN, MERVILLE, fils.

Madame DE ROZAN.

COMMENT, Monsieur, un homme qui devroit avoir des mœurs & des procédés dignes de sa naissance, s'introduira dans une famille pour y porter le désordre ! Non, en vérité, je ne me prêterai jamais à une pareille alliance.

MERVILLE, fils.

Vous avez raison, Madame, & je croirois assez ce qu'on dit, que ce Marquis n'est point du tout de la famille dont il porte le nom. La véritable noblesse annonce ordinairement plus d'élévation dans l'ame.

Madame DE ROZAN.

C'est donc pour cela que je vous ai fait avertir. Je veux que vous me secondiez dans un projet que j'ai formé.

MERVILLE.

Ordonnez, Madame, je suis prêt à vous obéir.

Madame DE ROZAN.

D'abord ne comptons pas sur mon frere ; il sembloit, à l'entendre derniérement, qu'il alloit reprendre la fermeté que je lui ai connue, diminuer les folles

dépenses

dépenses de sa maison, chasser une partie de ces insolens fainéans qui le reconnoissent à peine pour leur maître, en faire autant de cette foule d'étourdis que la bonne chere, les plaisirs, & le jeu rassemblent ici ; mais point du tout, son impérieuse moitié éleve la voix, menace, ordonne, redouble même les dépenses, & voilà notre valeureux champion plus foible & plus docile que jamais ; il s'agit donc, Merville, que votre pere, vous & moi prenions ensemble des mesures pour assurer à Clarice une fortune convenable. On m'a parlé d'un jeune homme qui dans la finance a une fort belle place ; il joint, dit-on, à une figure très-intéressante, des talens & des mœurs : je voudrois donc, puisque vous êtes à portée de vous en assurer, que vous fissiez en sorte de m'en rendre compte. (*Clarice & Merville se regardent.*) Mais ! Clarice, tu pâlis, & vous-même, Merville !

MARTON.

Madame.

CLARICE, *à demi-voix*.

O ciel ! Marton, que vas-tu dire ?

Madame DE ROZAN.

Comment ! que signifie ceci ?

MERVILLE.

Ah ! Madame, si vous devez faire un choix en faveur de l'adorable Clarice, daignez me voir à vos genoux.

Madame DE ROZAN.

Quoi ! Clarice, vous m'avez caché vos sentimens, à moi qui vous aime ? Pour vous, Monsieur,...

MERVILLE.

De grace, Madame.

Madame DE ROZAN.

Quoi ! vous prétendez ?

MERVILLE.

Permettez que je m'explique. Elevé dès ma plus tendre enfance près de votre adorable niece, l'âge & la raison, en me faisant mieux connoître le prix de son mérite & de ses charmes, ont fortifié de plus en plus dans mon cœur un penchant que l'habitude & l'innocence y avoient fait naître.

Madame DE ROZAN.

Oui, mais la reconnoissance devoit également vous éclairer sur les devoirs que vous aviez à remplir.

MERVILLE.

Aussi, Madame, loin de me flatter de mériter vos bontés, je ne sentis que trop que l'infortune où un procès nous jettoit mon pere & moi, y mettoit un plus grand empêchement. Je m'éloignai, & ne reparus qu'après avoir obtenu un état qui me rendît au moins excusable ; mon pere lui-même, sur le point de rentrer dans ses biens, semble m'offrir aussi un nouveau titre pour réclamer votre bienveillance.

CLARICE.

Oui, chere tante, forcés par notre situation à combattre nos sentimens, nous ferions encore dans cette pénible contrainte, sans les prétentions du Marquis, qui feroient le malheur d'une niece que vous aimez.

Madame DE ROZAN.
Ils m'attendriffent.

CLARICE.
Ma tante !

MARTON.
Ah ! Madame, fi vous faviez combien de fois ma chere maîtreffe & moi nous avons pleuré : comment faire, difions-nous, pour ne plus aimer ? que dira notre chere tante, cette tante fi bonne, cette tante qui fait tout notre efpoir ?

Madame DE ROZAN.
Finis donc, Marton : *bas*, ils me feroient pleurer auffi, moi.

CLARICE & MERVILLE *fe jettent à fes pieds.*
De grace.

Madame DE ROZAN, *les relevant.*
Eh bien, fuppofons que j'approuverois ton choix, ton orgueilleufe belle-mere, fon pere même voudra-t-il confentir à vous unir ?

MARTON.
Madame, vous êtes pour nous, cela fuffit.

On entend tout-à-coup le fon de plufieurs inftrumens qui s'accordent.

Madame DE ROZAN.
Comment ! pour qui donc cette mufique ?
Marton va voir.

MARTON.
Hé ! Madame, c'eft le Marquis ; il eft fuivi d'une vingtaine d'hommes chargés d'inftrumens.

Madame DE ROZAN.

Il vient faire de nouvelles folies sans doute ; oh bien, je vais le recevoir, moi ; Clarice, retire-toi un moment, & vous, monsieur, nous verrons à nous expliquer. *Ils sortent.*

SCENE XI.

LE MARQUIS, MADAME DE ROZAN.

LE MARQUIS, *en pointe de vin.*

AH ! honneur à la chere tante. Comment ! je quitte l'assemblée la plus joyeuse. M. Merville vient me trouver, traite avec moi d'une affaire qui nous intéresse tous, & au moment de m'en délasser dans un bal, madame de Monval part pour sa campagne ?

Madame DE ROZAN.

C'est jouer de malheur.

LE MARQUIS.

Pas entiérement, Madame, puisque j'ai le plaisir de vous trouver ; d'ailleurs mes billets sont distribués, nous devons avoir cette nuit un jeu d'enfer & les plus jolies femmes de Paris.

Madame DE ROZAN.

En ce cas, monsieur, vous en ferez donc les honneurs chez vous.

LE MARQUIS.

Chez moi, une maison de garçon! Ah! j'espere bien, madame de Rozan, que vous me seconderez.

Nous ferons comme si M. & madame de Monval y étoient, nous dirigerons notre intention.

Madame DE ROZAN.

Ainsi, beau Marquis, voilà une affaire arrangée.

LE MARQUIS.

J'y compte au moins.

Madame DE ROZAN.

Quoi ! vous ne vous doutez point de ma réponse ?

LE MARQUIS, *prenant du tabac.*

Moi, je ne doute de rien ; je sais seulement que madame de Rozan a infiniment d'esprit, & que, malgré l'extrême sévérité de ses principes, elle aime la gaieté.

Madame DE ROZAN.

Croyez-moi, Monsieur, n'imaginez plus en imposer davantage ; ce ton pouvoit réussir auprès d'une jeune femme vaine & sans expérience, sur-tout pendant l'absence de son époux ; mais aujourd'hui qu'il est de retour, nous saurons le rendre maître chez lui.

LE MARQUIS.

Comment ! madame, mais savez-vous que voilà une terrible sortie que vous faites là sur un galant homme qui vous amene la joie ?

Madame DE ROZAN.

Réjouissez-vous, monsieur, c'est très-bien fait ; mais croyez que ce ne sera pas à nos dépens.

LE MARQUIS.

Ah ! c'est-à-dire, madame de Rozan, que décidément vous n'aimez pas les gens de qualité, & sur-tout qui donnent bal ?

Madame DE ROZAN.

Au contraire :
La nobleſſe, monſieur, n'eſt point une chimere,
Quand ſous l'étroite loi d'une vertu ſévere....

LE MARQUIS.

O ciel ! vous citez du Boileau ! de la ſatire ! mais, madame, ſongez donc....

Madame DE ROZAN.

Quittez ce ton, vous dis-je, monſieur, & ſoyez ſûr que M. & madame de Monval trouveroient fort mauvais que vous euſſiez diſpoſé de leur maiſon en leur abſence.

LE MARQUIS.

Comment donc ! je connois trop les bienſéances : je n'agis que d'après les ordres de madame de Monval. D'ailleurs on doit des égards au Public, il eſt averti.

Madame DE ROZAN.

Le Public !

LE MARQUIS.

Mais oui, j'ai fait diſtribuer plus de trois cents billets ; oh, j'aime à faire les choſes grandement ! J'ai même déja amené avec moi une partie de l'orcheſtre. Parbleu ! madame, vous avez beau dire, je veux vous égayer. Vous entendrez la muſique. *Il va comme pour l'avertir.*

Madame DE ROZAN.

On voit bien en effet qu'il ſort de table. *Un muſicien paroît.*

LE MARQUIS.

Juſtement en voilà le coryphée.

SCENE XII.

LE MUSICIEN, *les précédens.*

LE MUSICIEN.

AH! vous voici, M. le Marquis. Venez donc vous montrer, je vous prie ; on vient de vous faire un affront ſanglant.

LE MARQUIS.

Eh! qui donc?

LE MUSICIEN.

Un certain homme qui a toute la mine de l'Intendant de cette maiſon. Après avoir fait ſortir bruſquement nos inſtrumens, il prétend nous faire ſauter par les fenêtres ; des gens comme nous par les fenêtres !

LE MARQUIS.

L'Intendant, dis-tu ? voyons, voyons.

LE MUSICIEN.

Le voici, juſtement.

LE MARQUIS.

Comment! c'eſt M. de Monval? *au Muſicien,* Retire-toi.

E 4

SCENE XIII.

MADAME DE ROZAN, DE MONVAL, LE MARQUIS.

LE MARQUIS *allant au-devant.*

Soyez le bien venu, M. de Monval, vous venez très-à-propos.

DE MONVAL.

Oui, monsieur, très-à-propos pour remettre l'ordre chez moi : que signifie donc tout cet attirail ?

LE MARQUIS.

Que c'est demain votre fête, & qu'en conséquence....

DE MONVAL.

Grand merci, monsieur, je ne veux plus de bouquets qui mettent ma maison au pillage. Ah ! c'est vous, ma sœur ?

Madame DE ROZAN.

Vous n'avez donc point accompagné madame de Monval, que vous voilà déja ?

DE MONVAL.

Non, j'ai été retenu.... Ah ! si vous saviez.

LE MARQUIS.

Quoi ! monsieur, seroit-ce la perte en question qui vous inquiéteroit ? c'est une affaire arrangée.

DE MONVAL.

Tant mieux pour vous, monsieur; car, pour moi, je me m'en mêle point.

LE MARQUIS.

Il faut cependant bien que nous traitions ensemble, puisque M. de Merville, sur ma parole, a déja remis une partie des fonds chez la Baronne.

DE MONVAL.

Sur votre parole ?

LE MARQUIS.

Oui, monsieur, & elle vaut le fait, *à part*, si toutefois j'épouse.

DE MONVAL.

Mais M. de Merville ne suit point ici l'ordre des affaires; il falloit au moins des signatures, & loin d'acquérir ce marquilat, *avec dépit*, je suis ruiné enfin.

Madame DE ROZAN.

Ruiné !

DE MONVAL.

Oui, ma sœur, sans ressource..... je viens d'apprendre des choses qui vous étonneront.

LE MARQUIS.

A part. Beau préparatif pour mon bal. *Haut.* M. de Monval, calmez-vous, les affaires....

DE MONVAL.

Oui, c'est bien vous, messieurs, qui les arrangerez, faites-moi seulement le plaisir de dire à toute cette belle jeunesse que vous attirez ici, que je vous baise les mains, & que vous n'aurez pas ma fille.

LE MARQUIS.

Monsieur, vous me paroissez un peu agité. Je veux cependant vous prouver qu'on peut vous être utile. *A part.* Il y a certainement quelque chose là-dessous. Je vais moi-même de ce pas trouver madame de Monval, & m'expliquer avec elle.

SCENE XIV.

MADAME DE ROZAN, DE MONVAL.

Madame DE ROZAN.

Courage, mon frere, vous avez l'air d'un homme au moins aujourd'hui.

DE MONVAL.

Oui, madame de Rozan, mon parti est pris. Ce qui m'accable davantage, c'est d'être obligé de soupçonner la fidélité d'un ami.

Madame DE ROZAN.

Comment! de M. de Merville?

DE MONVAL.

De lui-même. On vient de me dire des choses que les circonstances semblent confirmer. Mais non, cela n'est pas possible.

Madame DE ROZAN.

Expliquez-vous, voyons.

DE MONVAL.

On prétend que c'est à mes dépens qu'il a gagné

son procès, que ce sont ses amis qui ont excité madame de Monval à faire cette perte de cinquante mille francs, & fait saisir tous mes biens; qu'en un mot lui seul a profité des folies de mon épouse.

Madame DE ROZAN.

Ah! mon frere, redoutons la calomnie, cela est trop fort.

DE MONVAL.

Aussi ai-je peiné à le croire. *Après un instant de silence.* Cependant, pourquoi cet empressement à se dessaisir de mes fonds, & encore sans signature de la part du Marquis ?

Madame DE ROZAN.

C'est au moins très-imprudent.

DE MONVAL.

A qui donc se fier ? l'amour, l'amitié, tout me trahit.

Madame DE ROZAN.

Doucement, mon frere, doucement, il faut voir, s'expliquer, & sur-tout vous maintenir dans la ferme résolution d'agir en maître.

DE MONVAL.

Il le faudra bien, morbleu! il le faudra bien : en dotant la jeunesse & la beauté, je croyois me donner une compagne douce & raisonnable, je me trompai, & vis bien qu'il falloit sacrifier une partie de ma fortune pour avoir la paix. Mais aujourd'hui nous en sommes à tel point, que madame de Monval sera bien forcée de plier; oui, dès ce moment, je fais ici une réforme générale. Que le Public penſe & diſe ce qu'il voudra.

Madame DE ROZAN.

Le Public ? — mon ami, il y a long-tems, ſi vous euſſiez voulu l'entendre, qu'il vous donne ce conſeil, ainſi qu'à bien d'autres qui n'en profitent pas plus.

DE MONVAL.

Sans doute ; mais les conſeils ſont-ils aiſés à ſuivre à quiconque n'a d'autres moyens, pour rétablir l'ordre chez lui, que d'uſer de violence vis-à-vis d'une femme qu'il a la foibleſſe d'aimer, & ſur-tout lorſque cette ſévérité pourroit peut-être la jetter dans de plus grands égaremens ? Allez, ma ſœur, il y a des ſituations dans la vie où celui qui paſſe pour ſage, perdroit bientôt ce beau titre, s'il s'y trouvoit : enfin vous n'avez point aimé.

Madame DE ROZAN, *ſouriant*.

C'eſt me juger avec rigueur. Mais je ſens comme vous que les raiſonnemens ſeroient inutiles. Arrangeons donc les affaires de maniere que votre épouſe ne puiſſe plus y mettre le déſordre.

DE MONVAL.

Elle s'imagine qu'il ne ſera queſtion que de faire quelques emprunts ; mais, je vous l'avoue, joint au bouleveſement que j'éprouve ici, on m'enleve les fonds que j'avois dans les Forges de la Franche-Comté, & peut-être ſerai-je obligé de rendre les cinquante mille écus que j'ai reçus de cette ſucceſſion.

Madame DE ROZAN.

Eh ! pourquoi donc ?

DE MONVAL.

Parce qu'on me marque que des héritiers viennent de reparoître, munis de titres qui détruisent les miens, & la loi est pour eux.

Madame DE ROZAN.

Que me dites-vous là ?

DE MONVAL.

Jugez s'il est tems de sauver les débris de ma fortune ? sur-tout, ma sœur, je connois votre prudence, que ma fille ignore ceci pour l'instant ; le mieux même, c'est de la recevoir chez vous jusqu'à nouvel ordre.

Madame DE ROZAN.

Oh ! pour le coup, mon ami, que je vous embrasse ! vous montrez aujourd'hui une force de raison admirable.

DE MONVAL.

Le malheur instruit.

Madame DE ROZAN.

Du courage, mon ami, du courage ; ce malheur-là se réparera. Comment, avec autant de bon sens, peut-on être aussi foible ? Les jolies femmes sont donc bien à craindre.

DE MONVAL.

Eh ! sans doute ; voilà mes torts.

Madame DE ROZAN.

Allons, voyons le parti qu'il y a à prendre.

DE MONVAL, *en s'en allant avec sa sœur.*

Ah! M. de Merville, & vous êtes mon ami!

Fin du second Acte.

ACTE III.

SCENE PREMIERE.

MERVILLE fils.

Non, mon pere ne peut être coupable. Ah! charmante Clarice, quel contre-tems affreux! l'aveu de votre tante fondoit mon espoir, & c'est elle-même qui vient de le détruire. Il faut absolument que je parle à mon pere: où pourrai-je le trouver? O ciel! j'entends M. de Monval; mon pere est avec lui; resterai-je? je n'en ai pas la force. Cependant... non, cachons-nous dans ce cabinet.

SCENE II.

MERVILLE pere, DE MONVAL.

Ils entrent en silence, de Monval les bras croisés & l'air consterné, Merville souriant.

DE MONVAL.

Mais enfin, M. de Merville, quelle sûreté ! & comment, sur la simple parole d'un homme insolvable, avez-vous pu délivrer une pareille somme ?

MERVILLE.

Tranquillisez-vous, monsieur, cela s'arrangera.

DE MONVAL.

Ah ! Monsieur, retirez-moi de la plus affreuse situation. Ce sont des calomnies sans doute.... mais enfin....

MERVILLE.

Que voulez-vous dire ?

DE MONVAL.

Non, après vingt ans d'amitié & de confiance, ce seroit le comble de la foiblesse, & vous offenser, que de m'arrêter à de pareils discours.

MERVILLE.

Expliquez-vous, je vous prie.

DE MONVAL.

Eh bien, monsieur, on prétend que c'est au profit de vos amis, que mes biens sont saisis.

MERVILLE.

Je l'avoue. Lorsque vous négligez vos intérêts, doivent-ils négliger les leurs ? n'ont-ils pas prêté ?

DE MONVAL.

Quel langage ! ah ! c'en est trop. Ce dernier coup m'accable. Connoissez donc toute mon infortune. J'apprends par ces lettres que mes fonds, en Franche-Comté, sont très-aventurés, & que je serai obligé de rendre l'argent de cette succession dont vous venez si indiscrétement de donner une partie.

MERVILLE.

Seroit-il possible ! *Il sourit à part.*

DE MONVAL *lui donne les lettres.*

Soyez-en convaincu.

MERVILLE.

On vous abuse, M. de Monval, certainement.

DE MONVAL.

Non, ces avis me viennent d'amis particuliers. Quoi ! M. de Merville, vous-même me jettez dans la défiance ! Ah ! dans mon désespoir que vais-je devenir ? *Il veut sortir.*

MERVILLE.

Un moment, mon ami.

DE MONVAL.

Votre ami ?

MERVILLE.

Oui, je le suis. *A part.* Je ne peux le laisser dans
cette

cette cruelle situation, un malheur est bientôt arrivé.

DE MONVAL.

Que parlez vous encore de malheur?

MERVILLE, *avec force, mais à demi-voix.*

Venez avec moi dans votre cabinet. Votre bonheur, celui de votre famille dépendent de votre discrétion. Venez. — *Ils sortent.*

SCENE III. (1)

MERVILLE fils *sort du cabinet.*

Qu'ai-je entendu? Quoi! je serois forcé moi-même à accuser mon pere? Ah! s'il pouvoit être coupable, je rejetterois sa fortune, oui, j'irois mourir à ses yeux de honte & de douleur.

SCENE IV.

MARTON, MERVILLE fils, DORSAIN.

MARTON.

Eh non, non, vivez encore! Monsieur & moi nous vous cherchons par-tout pour vous rassurer.

---

(1) Les Scenes III & IV doivent être filées un peu longuement.

Merville.

Ah! Monsieur! ah! Marton, je suis perdu.

Dorsain.

Ecoutez-nous un moment : madame de Rozan que vous quittez, a pu vous alarmer, parce qu'elle n'étoit pas encore entiérement instruite de ce dont il s'agit ; mais vous êtes trop troublé ; je vais vous mettre dans le secret.

Merville.

Non, Monsieur, vous ignorez-vous-même. O ciel! voici M. de Monval, retirons-nous. *Marton les devance.*

SCENE V.

DE MONVAL, *les precédens.*

Mais! n'est-ce pas là ce monsieur Dorsain? c'est lui-même : Monsieur? monsieur? un mot, je vous prie ; ah! permettez que je vous marque ici toute ma reconnoissance. *Il l'embrasse.*

Dorsain.

Quoi! Monsieur, sauriez-vous ?

de Monval.

Oui, Merville vient de me donner le témoignage le plus parfait de son amitié ; & toi, mon enfant, que je te prouve aussi tout ce que je lui dois. *Il l'embrasse.*

Les Folies du Luxe réprimées. 83

MERVILLE fils *reste interdit*.

Seroit-il possible !

DE MONVAL, *avec joie*.

Sur-tout, mes amis, soyons discrets ; nous sommes convenus que ce seroit madame de Rozan qui paroîtroit rétablir mes affaires. Mais qu'a-t-il donc ? *Il regarde Merville.* Il a l'air bien agité.

DORSAIN.

Oui, monsieur, vous voyez le garçon le plus désolé ; informé seulement par madame de Rozan des soupçons que son pere a fait naître exprès sur lui-même, vous venez au moment que j'allois le consoler.

DE MONVAL.

Je reconnois bien là sa délicatesse. Ah ! monsieur, quel ami que Merville, & comment jamais acquitter de pareils services ?

DORSAIN.

Vous le pouvez, monsieur, & dans l'instant.

DE MONVAL.

Dans l'instant ? parlez, je vous prie.

MERVILLE *se jette aux pieds de M. de Monval*.

Ah ! monsieur, pardonnez au zele de mon ami, je reste confondu.

DE MONVAL *le releve*.

Il m'effraie. Il lui est donc arrivé quelques malheurs.

DORSAIN.

Non, monsieur, reconnoissez en lui l'amant le plus tendre & le plus respectueux. C'est au desir de mériter vos bontés qu'il doit son avancement, & peut-être la pureté de ses mœurs; il adore votre fille.

DE MONVAL.

Clarice! ah! mon enfant, que je t'embrasse, je vais payer mon ami.

MERVILLE.

O ciel! serois-je assez heureux?

DE MONVAL.

Eh! c'est toi qui me le rends; son pere fait-il cela?

DORSAIN.

Oui, monsieur; mais loin de l'approuver, sa délicatesse s'y oppose.

DE MONVAL.

Tant mieux, j'aurai la satisfaction de l'y faire consentir; oui, mon enfant, tu seras mon gendre.

MERVILLE.

Ah! monsieur, qu'ai-je entendu?

DE MONVAL.

Si ton pere est généreux, je ne veux point être ingrat, compte sur ma parole. Mais qu'y a-t-il donc de nouveau? j'apperçois un des gens de madame. *Il s'éloigne un peu.*

DORSAIN.

Monsieur, nous vous laissons libre.

Les Folies du Luxe réprimées. 85

DE MONVAL.

Oui, nous nous expliquerons.

SCENE VI.

DE MONVAL, JASMIN.

JASMIN. *Il se débarrasse d'un petit paquet, & ne voit pas M. de Monval.*

Voyez un peu ce caprice: à peine j'arrive là-bas, qu'il faut revenir. Je suis, ma foi tout éreinté.

DE MONVAL.

Eh bien! madame de Monval est-elle au château? quelle nouvelle?

JASMIN.

Ah! c'est vous, Monsieur? la nouvelle est que vous allez certainement la revoir bientôt.

DE MONVAL.

Au contraire, il faut qu'elle reste. J'irai la rejoindre.

JASMIN.

Ma foi, monsieur, — M. le Marquis, qui est arrivé au moment que je partois, trouve apparemment sa présence plus nécessaire ici.

DE MONVAL.

Ah! il a été la trouver? Oh bien, je n'en suivrai pas moins mon plan, &, pour commencer, je vous congédie.

F 3

JASMIN.

Moi, Monsieur?

DE MONVAL.

Vous-même.

JASMIN.

Mais, monsieur, songez donc que j'appartiens à madame.

DE MONVAL.

C'est justement pourquoi.

JASMIN.

Comment, monsieur! son valet-de-chambre secrétaire? non pas, s'il vous plaît, permettez que je reçoive aussi ses ordres.

DE MONVAL.

Ses ordres n'auront plus de pouvoir ici, & sans plus d'explication, puisque vous voilà, prenez une plume, je veux lui faire tenir promptement la lettre que vous allez écrire. Voyons... placez-vous là.

JASMIN.

M'y voici.

DE MONVAL.

Bon. — *Il se promene à grands pas — médite & se parle à lui-même.*

JASMIN, *à part.*

Parbleu! il me vient une idée; — il est ruiné, amusons-nous.

DE MONVAL, *toujours se promenant.*

Ecrivez... *à lui-même.* Je ne sais comment commencer.

JASMIN, *pendant qu'il est retourné, écrit & dit à voix basse.*

Commencer.

DE MONVAL, *toujours méditant.*

Êtes-vous prêt?

JASMIN *écrit & répete.*

Prêt.

DE MONVAL.

C'est bon, écrivez.

JASMIN.

Écrivez.

DE MONVAL.

Oui, c'est le meilleur parti. — *Il dicte.*
Croyez-moi, mon amie, restez à la campagne, votre présence ici vous donneroit des mortifications qu'il faut éviter. J'irai moi-même vous chercher, lorsqu'il en sera temps. Agissez de votre côté de concert avec l'homme d'affaires qui vous a accompagnée, & soyez bien persuadée de toute ma tendresse. Voyons, lisez.

JASMIN.

Je ne sais comment commencer.

DE MONVAL.

Eh, parbleu! par le premier mot.

JASMIN.

C'est ce que je fais.

DE MONVAL.

Voyons donc.

JASMIN.

Êtes-vous prêt ?

DE MONVAL.

il y a deux heures.

JASMIN.

C'est bon, écrivez.

DE MONVAL.

Comment ! que j'écrive, vous moquez-vous de moi ?

JASMIN.

Point du tout, monsieur.

DE MONVAL.

Lisez donc.

JASMIN.

Oui, c'est le meilleur parti.

DE MONVAL.

Comment, le meilleur parti ! *Il lui arrache le papier & lit.*

Je ne sais comment commencer ; êtes-vous prêt ? c'est bon, écrivez. Quel diable de galimathias ! allons, sors de chez moi tout-à-l'heure, ingrat. *Il lui jette sa bourse,* te voilà payé & au-delà.

JASMIN *prend la bourse sur la table, & reste un instant comme immobile.*

Ingrat ! *Il se leve.* Ah ! monsieur, ce mot me frappe. Oui, je le suis, je ne méritois pas vos bontés. — Voilà votre argent, *il le laisse sur la table,* & je vais me punir d'avoir manqué à un si bon maître.

DE MONVAL.

O ciel ! où les fentimens vont-ils fe placer ?

JASMIN.

Dans le cœur d'un étourdi, qui ne s'eft égaré que par le mauvais exemple. Vous le favez, monfieur, j'étois né pour tout autre état. La pareffe & le libertinage m'ont jetté dans celui-ci, & je devins un intrigant, un fat, pour complaire à mes maîtres.

DE MONVAL.

Mon ami, ce retour fur vous-même vous rend ma confiance ; gardez cet argent, & reftez avec moi.

JASMIN.

Oui, monfieur, & je vous ferai fidele; vous méritez d'être plus heureux.

DE MONVAL.

Mais qu'entends-je ? ah ! ah ! c'eft madame de Monval.

SCENE VII.

MADAME DE MONVAL, LE MARQUIS, DE MONVAL.

Madame DE MONVAL.

AH! vous voilà, monfieur ? quel bouleverfement fait-on donc ici?

DE MONVAL.

Ce qu'il faut que vous faſſiez vous-même, madame de Monval.

Madame DE MONVAL.

Eh non, Monſieur. Le Marquis & moi nous allons arranger tout cela.

LE MARQUIS.

Oui, monſieur, croyez-moi, j'ai des gens en main qui ſauront nous tirer d'embarras.

DE MONVAL.

Encore une fois, monſieur, je n'ai pas beſoin de vos ſervices.

Madame DE MONVAL.

Mais, M. de Monval, je ne vous reconnois plus. Vous voulez donc abſolument me déſeſpérer?

DE MONVAL.

Ce n'eſt pas, vous dis-je, le moment de nous expliquer.

LE MARQUIS.

Vous avez tort, monſieur, perſonne n'entend mieux que moi la partie des ſaiſies-réelles. Il s'agit ſeulement de ne pas perdre la tête.

Madame DE MONVAL.

Eh mais, ſans doute, on doit, on fait attendre.

DE MONVAL.

Fort bien, madame, continuez. Moi, je ſais ce que j'ai à faire. — *Il veut ſortir.*

Madame DE MONVAL.

Mais enfin. — *Merville entre des papiers à la main.*

SCENE VIII.

MERVILLE, *les précédens.*

MERVILLE.

Ah, ah, madame est ici !

DE MONVAL.

Mon cher Merville, ce n'est plus à moi, c'est à monsieur que vous devez vous adresser.

MERVILLE.

A monsieur ?

Madame DE MONVAL.

Oui, M. le Marquis veut bien nous prêter les mains.

MERVILLE.

Il vaudroit mieux pour nous, madame, que monsieur nous prêtât de l'argent.

Madame DE MONVAL.

Eh ! le moyen, lorsque vous prenez sur vous de donner les cinquante mille livres à la fois dont monsieur vouloit se réserver une partie ? C'est fort mal agir, monsieur, c'est fort mal.

DE MONVAL.

Quoi qu'il en soit, je vais achever ce que j'ai commencé.

Madame DE MONVAL *le fuit.*

Non, je ne souffrirai pas que vous donniez des scenes au Public. Marquis, je vous laisse avec monsieur.

SCENE IX.

LE MARQUIS, MERVILLE.

MERVILLE.

Bon, voilà le moment de l'expulser.

LE MARQUIS *prend un fauteuil.*

Voyons, M. Merville, traitons à l'amiable. Je sais...

MERVILLE *prend aussi un fauteuil.*

Que savez-vous, monsieur ? continuez.

LE MARQUIS, *étonné du ton de Merville, se leve.*

Oui, c'est l'usage, *avec un air ironique,* n'est-il pas vrai ?

MERVILLE.

Je ne vous comprends pas, monsieur.

LE MARQUIS.

Mais aussi il y a conscience ; comment, on dit que les affaires s'embrouillent de façon qu'il ne restera plus dans cette maison que douze à quinze mille livres de rente ?

MERVILLE.

Pas davantage, & je le prouve. Voici ce qui va vous mettre au fait. *Il lui donne un papier.*

Les Folies du Luxe réprimées. 93

LE MARQUIS lit.

Quoi ! M. de Monval sera obligé de rembourser la succession ?

MERVILLE.

Vous le voyez, monsieur, aussi suis-je bien fâché actuellement d'avoir payé vos cinquante mille francs, car il faudra que nous revendions votre terre.

LE MARQUIS.

Oh que non ! nous verrons cela. *A part.* Par bonheur, il n'y a rien de signé. — *Il continue de lire.* Comment ! mais madame de Monval ignoroit donc qu'on ne vivoit ici que d'emprunt ?

MERVILLE.

Non, mais de lui en parler, cela lui donnoit des vapeurs.

LE MARQUIS, *frappant sur le papier.*

Rien de plus clair, & voilà qui donne bien à penser : oui.

MERVILLE.

C'est vrai, monsieur ; — heureusement que votre mariage sera une ressource pour la jeune personne.

LE MARQUIS.

Une ressource ! eh ! que diable, mon ami, voulez-vous que je fasse ? ma naissance paiera-t-elle les dettes de cette maison ? elle ruine la mienne.

MERVILLE.

Cependant, par votre crédit.

LE MARQUIS.

Mon crédit ! mon cher Merville, sans une brillante fortune, il est nul, ainsi que celui de bien d'autres. Soyons sinceres, je ne ferois qu'augmenter l'embarras de cette famille, il faut que vous me rendiez un service.

MERVILLE.

Moi ! monsieur ?

LE MARQUIS.

Oui, tâchez d'arranger les choses de maniere que je me retire d'ici, là, d'une façon honnête. Car, encore, faut-il des procédés.

MERVILLE, *d'un ton badin.*

Des procédés ! eh, pourquoi donc des procédés ? ce seroit déroger ! — un homme de votre sorte doit trancher net, sur-tout lorsque c'est la fortune qui a tort.

LE MARQUIS.

D'accord, mais encore.

MERVILLE.

Il est vrai qu'il y a des ménagemens à prendre ; car enfin la mort de madame de Rozan rendra Clarice une assez riche héritiere.

LE MARQUIS.

Non, non, j'ai appris à ne plus vivre d'espérance.

SCENE X.

MADAME DE MONVAL, *les précédens.*

Madame DE MONVAL, *à pas précipités.*

MAIS, voyez un peu l'extravagance. Je ne reviens point du ton qu'on prend ici.

LE MARQUIS.

De qui madame parle-t-elle donc,

Madame DE MONVAL.

De M. de Monval, c'est un vacarme affreux là-bas. *A Merville.* Vous, Monsieur, pourquoi donc avoir flatté tous les créanciers à la fois, que vous feriez en sorte de les payer ? vous êtes cause qu'on nous accable.

MERVILLE.

J'ai fait pour le mieux, madame ; il est vrai que j'ignorois le remboursement que vous serez obligée de faire.

Madame DE MONVAL.

Mais, en vérité, un tel désastre n'est pas croyable ; de grace, Marquis, secondez-moi, il faut avoir des sauss-conduits.

LE MARQUIS.

D'accord, madame ; mais à quel titre ?

Madame DE MONVAL.

Eh mais ! à titre de malheur, de défaut d'argent,

enfin.... & puis n'y a-t-il pas une certaine tournure à donner ?

LE MARQUIS.

Cela se tente, en effet ; mais ordinairement cette faveur ne s'accorde....

Madame DE MONVAL.

Je vous entends, vous avez du crédit, aidez-moi seulement, & vous verrez.

LE MARQUIS.

En vérité, madame, j'admire votre courage.

Madame DE MONVAL.

Oui, Marquis, vous êtes l'homme du monde le plus fait pour nous tirer de là. D'abord, pour mieux sauver les apparences, il faut épouser Clarice, après quoi faire de ces coups d'éclats qui aujourd'hui réussissent presque toujours.

LE MARQUIS.

A merveille : néanmoins, madame de Monval, un homme de ma qualité ne peut pas faire de certaines choses.

Madame DE MONVAL.

Comment ! je n'entends pas vous compromettre,.... je vous demande de ces efforts, de ces projets en un mot qui prouvent au contraire une noble émulation, & que la fortune semble aimer à favoriser.

LE MARQUIS.

Ah ! madame, j'ai échoué tant de fois dans ces
sortes

Les Folies du Luxe réprimées. 97

fortes d'entreprises.... Je ferois au défespoir que vous devinssiez la victime de ma malheureuse étoile.

Madame DE MONVAL.

Quoi ! Marquis, ne seriez-vous plus dans les dispositions d'accepter notre alliance ?

LE MARQUIS.

Je ne dis pas cela ; mais . . . .

Madame DE MONVAL.

Expliquez-vous, monsieur.

LE MARQUIS.

Je crois qu'il seroit plus convenable.... de voir.... de commencer, par exemple, à tenter si....

Madame DE MONVAL, *piquée*.

Monsieur, je vous dispense des détours que vous voulez employer.

LE MARQUIS.

Mais, madame de Monval ?

Madame DE MONVAL.

Mais, monsieur le Marquis ?

LE MARQUIS.

Permettez au moins.

Madame DE MONVAL.

Non, monsieur, je sais tout ce que vous voulez dire, vous espériez augmenter votre fortune, le coup est manqué, vous nous en laissez tout l'embarras, j'aurois dû le prévoir. *Là, Merville se retire & dit à part* : Bon, le coup est frappé, allons en donner avis.

G

LE MARQUIS.

Mais fongez donc que je l'aurois peut-être augmenté cet embarras : tenez, madame, foyons finceres, je vous avoue franchement que le defir naturel de rétablir mes affaires, m'a long-temps fait chercher une maifon opulente à laquelle je pourrois m'allier, je rencontrai la vôtre. Mon deffein étoit de renoncer à mes égaremens ; mais accoutumé à vivre au milieu d'un monde frivole, que fouvent les plaifirs & la diffipation menent gaiement à la fortune, je fus enchanté de trouver en vous une femme charmante dont tous les goûts fembloient devoir favorifer mes projets. Il me parut donc plus avantageux de condefcendre à vos penchans ; malheureufement nous nous fommes trompés tous les deux ; croyez-moi, madame, revenons fur nos pas, & puifque la prudence veut que nous nous féparions, confervez-moi votre eftime, & que je remporte au moins les regrets d'avoir été témoin de vos malheurs, fans pouvoir les réparer.

Madame DE MONVAL.

Ah ! Monfieur, & c'eft de vous que je reçois cette leçon ? Homme perfide ! pourquoi donc, avec de pareils fentimens, & fi vous m'eftimiez, m'avoir excitée vous-même à tant d'égaremens ?

LE MARQUIS.

Je fuis coupable, fans doute, mais auffi foyez jufte. Combien de fois m'avez-vous échappé par la mobilité de vos fentimens ? Pouvois-je, dans le cercle

Les Folies du Luxe réprimées. 99

que nous parcourions, hasarder de paroître raisonnable, lorsque cent fois je vous ai vu éviter, badiner même ceux qui osoient l'être au milieu de nos plaisirs?

Madame DE MONVAL, *sortant de son accablement.*

Oui, monsieur, je suis seule repréhensible.... Ah! M. de Monval, méritiez-vous tant de chagrin?

LE MARQUIS.

Mais, Madame, vous vous oubliez.

Madame DE MONVAL.

Non, mon cœur se déchire.... & votre langage me paroît odieux.

LE MARQUIS.

Eh pourquoi donc?

Madame DE MONVAL.

Parce qu'après m'avoir abusée aussi long-temps, la vérité dans votre bouche ne peut être qu'une offense.

LE MARQUIS.

Je suis pourtant sincere.

Madame DE MONVAL.

De grace, monsieur, laissez-moi seule à ma douleur.... Oui, je vais de ce pas dévoiler toute ma conduite à M. de Monval; tel est l'empire de la vertu sur le cœur d'une femme qui, malgré ses folies, n'en respectoit pas moins intérieurement son époux.

LE MARQUIS.

Fort bien, madame, voilà une circonstance qui met votre éloquence dans le plus beau jour ; j'avoue naïvement ma défaite.

Madame DE MONVAL.

Quel affreux persifflage ! Au moins, monsieur, conservez ce caractere, vous êtes moins à craindre.

LE MARQUIS.

Eh, madame, lorsque je me fais justice moi-même, vous m'en refusez jusqu'à l'honneur ; j'espere cependant que tôt ou tard....

Madame DE MONVAL, *avec mépris.*

Continuez, monsieur. *Elle va pour sortir.*

SCENE XI.

MONSIEUR ET MADAME DE MONVAL, MADAME DE ROZAN, MERVILLE, DORSAIN, LE MARQUIS.

Madame DE ROZAN.

Madame de Monval, un mot, je vous prie.

Madame DE MONVAL.

Madame, je vous remercie.

DE MONVAL.

Mais un moment, vous ne savez pas....

Madame DE ROZAN.

Ma sœur, les événemens prouvent les vrais amis. Je partage sincérement vos malheurs, permettez que je les répare.

Madame DE MONVAL.

Ah! ma sœur, dans quel instant frappez-vous mon cœur de ce trait généreux? permettez seulement à votre tour que je me retire; tout ce que M. de Monval décidera sera très-bien fait.

DE MONVAL.

Qu'entends-je!

Madame DE MONVAL.

Ce n'est pas à moi que vous devez entiérement ce retour, remerciez-en M. le Marquis.

LE MARQUIS.

Courage, madame, courage.

Madame DE MONVAL.

Oui, monsieur, je vous le répete, j'aurai celui d'avouer que je me suis trompée, & sur-tout dans le choix que je faisois de vous.

LE MARQUIS.

Oh, pour le coup, un tel héroïsme ne doit point rester dans l'oubli, je vais le publier. *Il sort.*

SCENE XII.

MADAME DE ROZAN, *les précédens.*

Madame DE ROZAN.

OH, par exemple, ma sœur, vous ne pouviez le congédier plus à propos! Je vous offre ma fortune avec plaisir, mais à une condition qui m'intéresse particuliérement.

Madame DE MONVAL.

Parlez, madame.

Madame DE ROZAN.

C'est d'accepter de ma main un époux pour Clarice.

Madame DE MONVAL.

Votre choix, ma sœur, ne peut être que très-bon.

Madame DE ROZAN.

M. Merville voudra bien sans doute aussi ne pas s'y opposer?

MERVILLE.

Moi! madame?

Madame DE ROZAN.

Vous-même, monsieur, laissez-moi faire. *Elle va chercher Clarice & Merville, qui sont à l'entrée du Salon. Marton les accompagne.*

SCENE XIII & derniere.

MERVILLE fils, CLARICE, MARTON, *les précédens*.

Madame DE ROZAN *présente Merville*.

Voici le gendre que je vous offre.
MERVILLE.
Comment! mon fils!

MERVILLE fils, *aux pieds de madame de Monval*.

Ah! madame, ah! mon pere, pardonnez. *De Monval le releve*.

MERVILLE pere.
Qu'osez-vous faire, Merville?
DE MONVAL.
Un moment, mon ami.
Madame DE ROZAN.
Oui, ceci nous regarde. Notre choix justifie une inclination qu'ils auroient sacrifiée à l'obéissance.

MERVILLE pere *à M. de Monval*.

Ah! mon ami, croyez que j'ignorois ceci.
DE MONVAL.
Je sens toute la délicatesse de vos craintes en ce moment; mon cher Merville; vos procédés sont trop généreux pour les payer d'ingratitude. Sachez, madame, que c'est à ces amis que nous devons le bonheur dont nous allons jouir.

DORSAIN.

Oui, madame, c'est par une convention secrete entre nous qu'on vous a excitée à faire une perte aussi considérable, & vous allez être convaincue que l'amitié, dans une ame telle que celle de Merville, a su trouver les moyens de prévenir à propos le dérangement qui tôt ou tard auroit ruiné votre maison.

MERVILLE.

De grace, madame, jouissez d'un bonheur plus réel.

Madame DE MONVAL.

Oui, M. de Merville, je suis entiérement détrompée ; que la main de Clarice soit le premier témoignage de ma reconnoissance.

MERVILLE fils.

Ah ! madame, ah ! mon pere.

MERVILLE pere, *en l'embrassant.*

Embrasse-moi, mon fils, je m'honore de ta joie.

Madame DE ROZAN.

Oh, pour le coup, mon frere, si vous êtes en état de doter Clarice, moi, je veux augmenter la fortune de Merville, vivez heureux, mes chers enfans.

CLARICE.

Oui, chere tante, nous le ferons pour vous aimer toujours.

MERVILLE pere.

Ah, qu'il est doux pour moi d'avoir fait mon devoir !

Fin du troisieme & dernier Acte.

TABLE

Des pièces contenues dans le nouveau Théâtre sentimental.

Préface.	Page III
Lettre de M***.	V
Avis sur la journée de Titus.	XIII
La journée de Titus, drame.	1
La fêtes du Village, comédie.	33
Les séances de Melpomène, & de Thalie à la rentrée de la comédie Françoise, comédie.	71
Avertissement.	73
Le François à Amsterdam, comédie.	119
Avertissement.	121
L'intendant comme il y en a peu, ou les folies du luxe réprimées.	

www.ingramcontent.com/pod-product-compliance
Lightning Source LLC
Chambersburg PA
CBHW060057190426
43202CB00030B/1852